U0920081

智库 中社

国家智库报告 2018（17）
National Think Tank

经 济

中国工业经济运行夏季报告（2018）

中国社会科学院工业经济研究所工业经济形势分析课题组 著

SUMMER REPORT OF CHINA INDUSTRIAL ECONOMICS OPERATION ANALYSIS (2018)

中国社会科学出版社

图书在版编目(CIP)数据

中国工业经济运行夏季报告.2018／中国社会科学院工业经济研究所工业经济形势分析课题组著.—北京：中国社会科学出版社，2018.8
（国家智库报告）
ISBN 978－7－5203－2906－4

Ⅰ.①中… Ⅱ.①中… Ⅲ.①工业经济—研究报告—中国—2018
Ⅳ.①F42

中国版本图书馆 CIP 数据核字（2018）第 172877 号

出 版 人 赵剑英
项目统筹 王 茵
责任编辑 喻 苗
特约编辑 王 衡
责任校对 朱妍洁
责任印制 李寡寡

出 版 中国社会科学出版社
社 址 北京鼓楼西大街甲 158 号
邮 编 100720
网 址 http://www.csspw.cn
发 行 部 010－84083685
门 市 部 010－84029450
经 销 新华书店及其他书店

印刷装订 北京君升印刷有限公司
版 次 2018 年 8 月第 1 版
印 次 2018 年 8 月第 1 次印刷

开 本 787×1092 1/16
印 张 6.25
插 页 2
字 数 70 千字
定 价 28.00 元

课题主持人： 黄群慧　张其仔

课题组成员： 黄阳华　江飞涛　李芳芳
李　钢　梁泳梅　王秀丽
王燕梅　吴利学　袁惊柱
原　磊　张航燕　张艳芳

本报告执笔人： 张航燕　江飞涛　王秀丽

摘要：2018年上半年，中国工业生产超预期增长，但结构分化。西部地区工业持续走低；东北地区工业延续整体向好态势，但内部工业分化。工业投资增速下降，但结构优化。工业出口波动加剧，整体增速放缓。工业利润增速加快，但行业分化。当前，国际环境不稳定、不确定因素仍然存在，国内经济正处在结构调整的过渡期，面临不少隐忧和挑战，短期内工业企业偿债能力下降，预计下半年中国工业面临较大的下行压力。在当前经济形势下，更要坚持战略定力，坚定不移地推动新一轮改革开放；坚持自主创新，质量优先，强化制造业的支柱地位，不断向制造业强国迈进。

关键词：中国工业；制造业；自主创新

Abstract: In the first half of 2018, China's industrial production grew faster than expected but its structure was divided, the industry in the west China continued to decline, while the industrial in the northeast China continued to maintain a good overall situation but the internal industry was divided, the growth rate of industrial investment declined but the structure was optimized, industrial export fluctuations increased and overall growth slowed, Industrial profit growth accelerated but the industry divided. At present, we should also realize that the international environment is still unstable and uncertain, the domestic economy is in a period of structural adjustment, there are still many problems in China's economic operation, which showed the solvency of industrial enterprises declined in the short term, China's industry is expected to face greater downward pressure in the second half of the year. Under the current economic situation, we should persist in strategic determination, unswervingly push forward the new round of reform and opening up, persist in independent innovation, give priority to quality, strengthen the pillar position of the manufacturing industry, and continue to advance to a strong manufacturing country.

Key Words: China's Industry, Manufacturing Industry, Independent Innovation

目　　录

2018年上半年，中国工业生产超预期增长，但结构分化。西部地区工业持续走低；东北地区延续整体向好态势，但内部工业分化。工业投资增速下降，但结构优化。工业出口波动加剧，整体增速放缓，工业利润增速加快，但行业分化。预计下半年中国工业面临较大的下行压力。在当前经济形势下，更要坚持战略定力，坚定不移地推动新一轮改革开放；坚持自主创新，质量优先，强化制造业的支柱地位，不断向制造业强国迈进。

一　2018 年 1—5 月工业经济运行分析

当前，工业生产超预期增长，但结构分化。西部地区工业持续走低，东北地区延续整体向好态势，但内部工业分化。工业投资增速下降，但结构优化。工业出口波动加剧，整体增速放缓。工业利润增速加快，但行业分化。

（一）工业总体分析

工业超预期增长但结构分化。第一，工业超预期增长。2018 年 1—5 月，规模以上工业增加值同比增长 6.9%[①]，比第一季度和 2017 年全年分别加快 0.1 个和 0.3 个百分点。单月看，5 月规模以上工业增加值同比增长 6.8%，比 4 月回落 0.2 个百分点，但比 2017 年同月加快 0.3 个百分点。

第二，工业结构分化。分类别看，制造业增速下

① 以下增加值增速均为扣除价格因素的实际增长率。

降。2018 年 5 月，采矿业增加值同比增长 3.0%，而 4 月同比下降 0.2%；制造业增加值同比增长 6.6%，比 4 月回落 0.8 个百分点；电力、热力、燃气及水生产和供应业增加值同比增长 12.2%，比 4 月加快 3.4 个百分点。从地区看，东北地区工业持续向好，西部地区工业走低。2018 年 5 月，西部地区和东北地区工业同比分别增长 5.4% 和 7.3%，东北地区工业连续两个月超越西部地区。自 2017 年 12 月以来，西部地区工业持续走低，由 2017 年 11 月的 9% 下降至 2018 年 5 月的 5.4%。2018 年以来东北地区工业延续了自 2016 年 11 月以来整体向好的态势，5 月，东北地区工业同比增长 7.3%，增速较 4 月和上年同月分别加快 1.5 个和 6.2 个百分点，连续两个月超越西部地区。但是东北地区内部工业分化严重。5 月，辽宁、吉林和黑龙江工业同比分别增长 14.9%、-4.5% 和 6.4%。

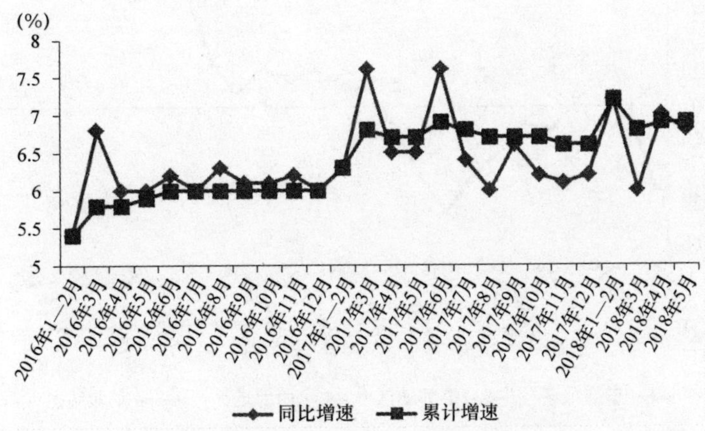

图 1-1　2016 年以来规模以上工业增加值同比增速和累计增速

资料来源：国家统计局网站。

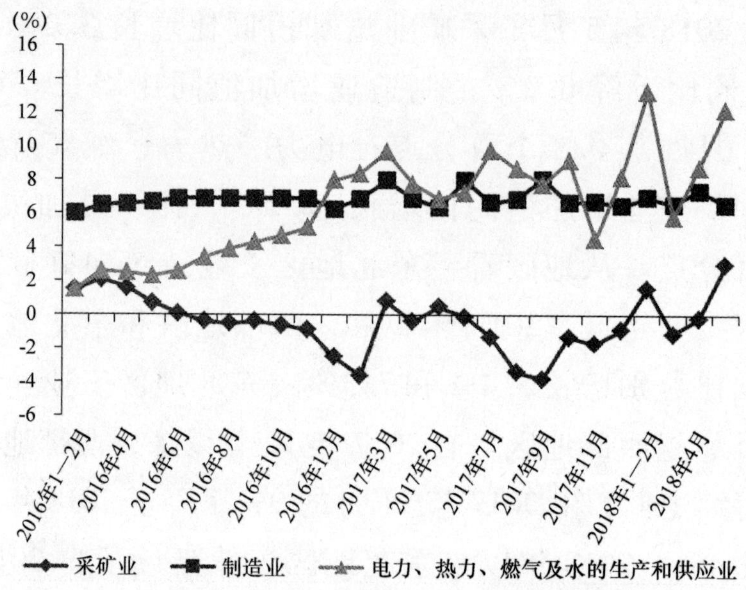

图 1－2　2016 年以来规模以上工业分门类增加值同比增速

资料来源：国家统计局网站。

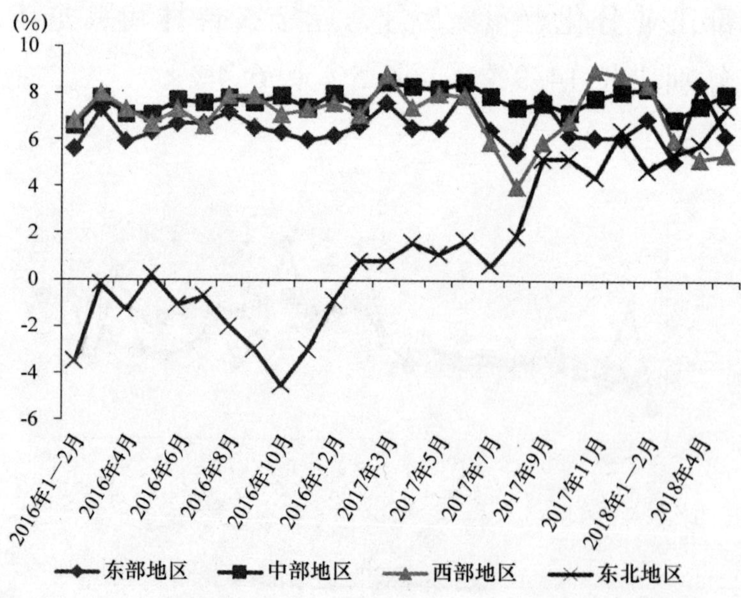

图 1－3　2016 年以来分地区规模以上工业增加值同比增速

资料来源：国家统计局网站。

工业投资增速下降，但结构优化。2018 年 1—5 月，工业投资同比增长 2.6%，增速比 1—4 月和 2017 年同期分别回落 0.1 个和 1.5 个百分点。虽然工业投资增速回落，但结构进一步优化。2018 年 1—5 月，制造业投资增长 5.2%，增速比 1—4 月提高 0.4 个百分点，比 2016 年和 2017 年分别提高 1.0 个和 0.4 个百分点。其中，装备制造业投资增长 8.2%，增速比 1—4 月提高 0.3 个百分点；占制造业投资的比重为 45.7%，比 2017 年同期提高 1.3 个百分点。此外，民间投资意愿增强，2018 年以来各月民间制造业投资增速均高于全部制造业投资，1—2 月、第一季度、1—4 月、1—5 月民间制造业投资增速分别比全部制造业投资高 0.1 个、0.8 个、1.2 个和 0.9 个百分点。

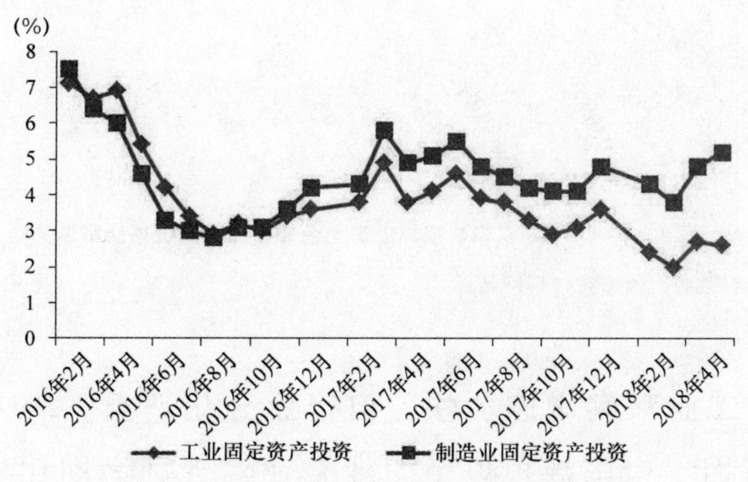

图 1-4　2016 年以来工业固定资产投资累计增速

资料来源：国家统计局网站。

工业出口波动加剧，整体增速放缓。2018 年 1—5 月，工业出口交货值同比增长 6.4%，工业出口交货值同比增速已从 2017 年的两位数增长（10.7%）下滑至个位数增长，工业出口整体放缓。分月来看，5 月工业出口交货值同比增长6.9%，比 3 月和 4 月分别加快 2.9 个和 2.7 个百分点，在当前中美贸易关系紧张的情况下，也存在着赶订单、赶出口现象。

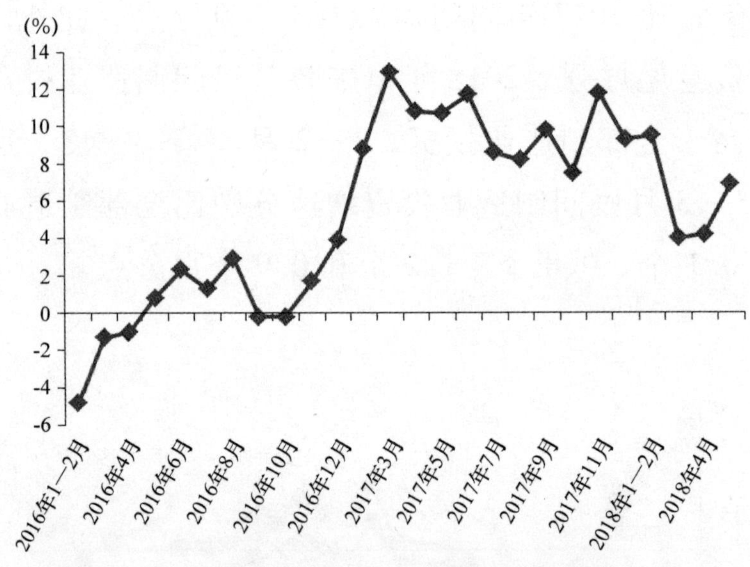

图 1－5　2016 年以来规模以上工业企业出口交货值同比增速

资料来源：国家统计局网站。

工业利润增速加快，但行业分化严重。2018 年 1—5 月，全国规模以上工业企业实现利润同比增长 16.5%，增速比 1—4 月加快 1.5 个百分点。工业利润增速明显加快，但行业分化严重，利润增长受个别行业拉动。从大类来看，2018 年 1—5 月，采矿业和制造业实现利润同比分别增长 41.6% 和 13.8%；电力、热力、燃气及水生产和供应业实现利润同比增长 26.1%，比 2018 年第一季度减少 4.3 个百分点。从具体行业看，2018 年 1—5 月，石油和天然气开采业，黑色金属冶炼和压延加工业，非金属矿物制品业，电力、热力生产和供应业，化学原料和化学制品制造业，利润同比分别增长 2.6 倍、1.1 倍、44.6%、27.8% 和 27.7%。这五个行业对全部规模以上工业企业利润增长的贡献率近 70%。

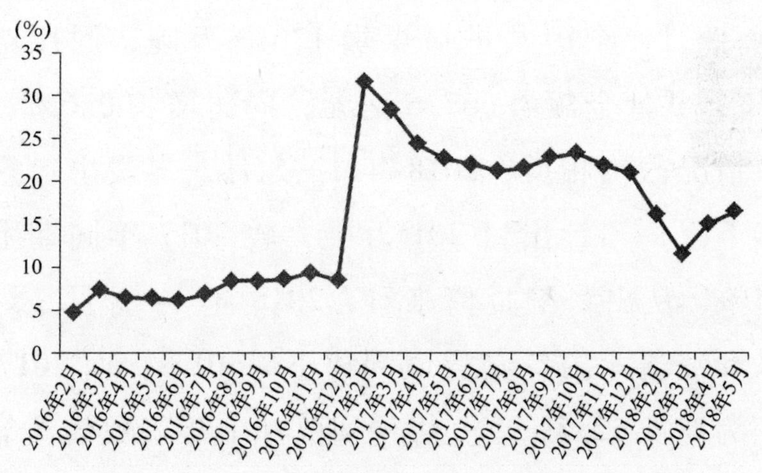

图 1－6　2016 年以来规模以上工业企业利润累计增速

资料来源：国家统计局网站。

（二）行业运行分析

本报告行业划分参照工业与信息化部的划分标

准，将工业行业分为四大类：原材料工业、装备工业、消费品工业和通信电子信息及软件业。原材料工业包括能源、化工、钢铁、有色和建材；装备工业包括机械、汽车和民用船舶；消费品工业包括轻工、纺织、食品、医药。本报告主要关注原材料工业、装备工业和消费品工业。

1. **原材料工业**

煤炭行业低位运行。2018 年 1—5 月，中国煤炭开采和洗选业工业增加值同比增长 2.7%，结束了 2017 年以来持续负增长的态势。国内煤炭行业削减产能意味着，中国通过进口填补了煤炭需求缺口。2018 年 1—5 月，全国共进口煤炭 12073 万吨，同比增长 8.2%，共计金额为 667.6 亿元，同比增长 0.6%。与进口情况截然相反，2018 年 1—5 月，煤炭出口量进一步下降，累计出口 201 万吨，较 2017 年同期下降 59.4%。从出口交货值来看，2018 年 1—5 月，煤炭开采和洗选业出口交货值同比下降 10%，而 2017 年同期为增长 62.5%。受煤价回落和上年基数较高等因素的影响，煤炭企业经济效益开始下降。2018 年 1—5 月，煤炭开采和洗选业利润同比增长 14.8%，增速较 2017 年同期（同比增长 87.7 倍）显著回落。煤炭总量过剩压力继续加大。2018 年以来，出现了影响煤炭供需总量平衡的新因素。一是个别地区和企业在市场需求明显回落的情况下，依然开足马力盲目生产，甚至一些新建、改扩建矿井未经竣工验收、未取得安全生产许可证，非法和违规从事生产。二是受国际市场价格和中国煤炭进出口政策影响，煤炭进口激增、出口锐减，使利用国际市场调节国内供求关系的空间日趋缩小。这进一步加剧了国内煤炭总量过剩、供大于求的压力。

随着市场需求的缩减和能源供需结构的变化，石油和天然气开采业处于持续调整之中。2018 年 1—5 月，石油和天然气开采业工业增加值同比下降 1.3%，降幅较 2017 年同期和 2018 年第一季度分别收窄 0.9 个和 2.2 个百分点。受价格总水平上升等因素的影响，石油和天然气开采业效益保持良好态势。2018 年 5 月，石油和天然气开采业生产者出厂价格指数同比增长 24.2%。2018 年 1—5 月，石油和天然气开采业实现利润 696.1 亿元，同比增长 2.6 倍，第一季度增速为 1.2 倍。2018 年 1—5 月，石油和天然气开采业出口交货值同比下降 15.5%，而 2017 年处于增长态势。

2018 年 1—5 月，电力、热力、燃气及水生产和供应业工业增加值同比增长 10.5%，较 2017 年同期加快 2.2 个百分点，与 2018 年第一季度增速持平。电力、热力、燃气及水生产和供应业利润同比增速显著高于主营业务收入同比增速。主要受下游需求增加影响，2018 年 1—5 月，电力、热力、燃气及水生产和供应业主营业务收入同比增长 12.5%，增速较 2017 年同期和 2018 年第一季度分别加快 6.4 个和 -0.8 个百分点。受主要燃料价格回落因素影响，2018 年以来电力、热力、燃气及水生产和供应业利润同比增速结束了自 2016 年 4 月以来持续出现的负增长态势。2018 年 1—5 月，电力、热力生产和供应业利润同比增长 27.8%，增速较第一季度回落 5.1 个百分点。由于受燃料价格回落等因素的影响，2018 年以来，电力、热力、燃气及水生产和供应业利润增幅呈现不断收窄的态势。

表 1-1 煤炭开采和洗选业、石油和天然气开采业主要指标累计增速

（%）

	煤炭开采和洗选业				石油和天然气开采业			
	收入	利润	出口交货值	工业增加值	收入	利润	出口交货值	工业增加值
2017 年 2 月	37.5	上年亏损	75.8	-6.8	43.8	上年亏损	23.1	-2.1
2017 年 3 月	41.7	上年亏损	92.9	-4.1	42.5	上年亏损	73.3	-2.1
2017 年 4 月	41.9	上年亏损	180.6	-2.6	37.1	上年亏损	118.8	-2.7
2017 年 5 月	40.5	8773.4	62.5	-1.7	33.6	上年亏损	95.5	-2.2
2017 年 6 月	37.6	1968.3	133.3	-1.5	29.0	上年亏损	79.3	-1.8
2017 年 7 月	36.3	1372.5	89.7	-1.2	25.3	上年亏损	82.4	-1.8
2017 年 8 月	35.6	955.4	25.5	-1.5	23.7	上年亏损	69.0	-2.0
2017 年 9 月	34.7	723.6	50.3	-2.0	22.8	上年亏损	56.9	-2.4
2017 年 10 月	34.1	628.8	27.9	-2.2	22.4	上年亏损	48.3	-1.9
2017 年 11 月	29.4	364.0	176.3	-2.3	21.9	上年亏损	40.6	-2.0
2017 年 12 月	25.9	290.5	157.9	-2.1	20.5	上年亏损	31.3	-2.7
2018 年 2 月	2.8	19.6	-27.9	3.8	8.6	138.1	-7.8	-1.8

续表

	煤炭开采和洗选业				石油和天然气开采业			
	收入	利润	出口交货值	工业增加值	收入	利润	出口交货值	工业增加值
2018 年 3 月	2.7	18.1	4.8	2.9	6.0	115.1	-15.3	-3.5
2018 年 4 月	5.6	15.5	-8.4	2.6	6.6	207.7	-18.4	-3.7
2018 年 5 月	4.5	14.8	-10.0	2.7	14.8	263.9	-15.5	-1.3

资料来源：国家统计局网站。

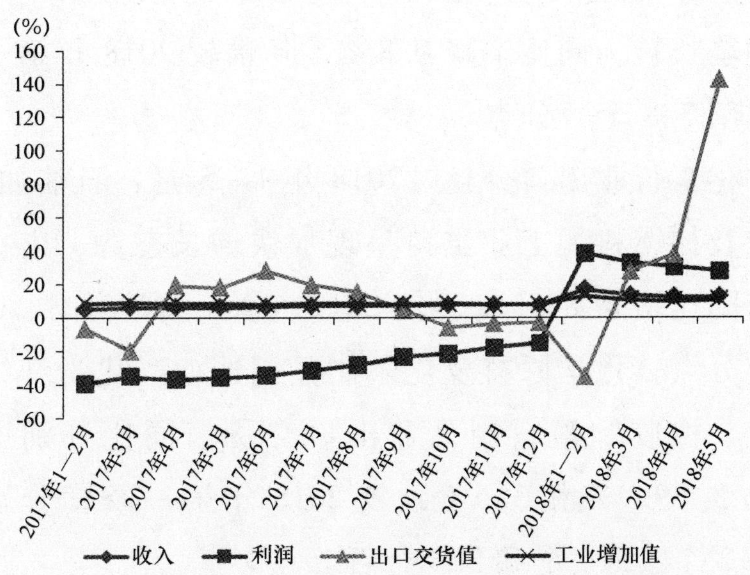

图 1-7　电力、热力、燃气及水生产和供应业主要指标累计增速

资料来源：国家统计局网站。

化工行业生产呈现小幅增长的态势。2018 年 1—5 月，石油加工、炼焦及核燃料加工业，化学原料及化学制品制造业，化学纤维制造业以及橡胶和塑料制品业工业增加值同比分别增长 7.0%、3.8%、5.4% 和 3.9%，增速比 2018 年第一季度分别增加 -0.6 个、0.7

个、2.4 个和 0.6 个百分点，较 2017 年同期增速分别减少 -5.8 个、0.5 个、 -1.7 个和 3.5 个百分点。

行业盈利能力分化。2018 年 1—5 月，石油加工、炼焦及核燃料加工业，化学原料及化学制品制造业，化学纤维制造业利润同比分别增长 27.9%、27.7% 和 4.2%，增速较 2017 年同期分别减少 9.5 个、8.6 个和 47.2 个百分点。橡胶和塑料制品业利润由 2017 年同期增长转为同比下降 0.8%，降幅较 2018 年第一季度收窄 3.8 个百分点。

化工行业出口分化。2018 年 1—5 月，石油加工、炼焦及核燃料加工业出口呈现加快增长态势，出口交货值同比增长 89.9%，较 2018 年第一季度加快 19.2 个百分点；化学原料及化学制品制造业、化学纤维制造业、橡胶和塑料制品业出口交货值同比分别增长 15.2%、9.9% 和 3.6%，较 2018 年第一季度分别减少 0.2 个、5.6 个和 2.6 个百分点。

表 1-2　化工行业主要指标累计增速　(%)

	石油加工、炼焦及核燃料加工业				化学原料及化学制品制造业			
	收入	利润	出口交货值	工业增加值	收入	利润	出口交货值	工业增加值
2017 年 2 月	31.2	129.0	78.6	0.1	18.4	65.9	8.4	5.2
2017 年 3 月	30.3	67.1	42.2	0.6	18.0	50.7	10.8	5.0
2017 年 4 月	29.1	46.5	40.9	-0.1	17.1	39.7	12.6	4.7
2017 年 5 月	27.8	37.4	34.8	1.2	16.7	36.3	14.0	4.3

续表

	石油加工、炼焦及核燃料加工业				化学原料及化学制品制造业			
	收入	利润	出口交货值	工业增加值	收入	利润	出口交货值	工业增加值
2017年6月	25.6	26.7	35.1	1.5	16.3	33.1	16.0	4.3
2017年7月	24.7	25.1	33.5	2.2	15.3	32.2	14.6	4.0
2017年8月	24.4	32.9	27.8	2.8	14.5	36.1	15.1	3.9
2017年9月	25.1	38.4	33.1	3.7	14.7	37.9	15.4	3.9
2017年10月	25.3	41.1	42.4	4.2	14.9	37.9	14.4	3.9
2017年11月	25.3	36.0	49.8	4.5	14.5	36.7	14.8	3.8
2017年12月	24.1	27.0	60.2	4.8	13.9	40.9	14.1	3.8
2018年2月	18.7	17.6	20.5	7.1	9.9	20.1	14.7	2.4
2018年3月	16.6	14.8	70.7	7.6	10.2	14.7	15.4	3.1
2018年4月	16.2	19.6	83.0	7.2	11.8	23.0	15.6	3.7
2018年5月	17.1	27.9	89.9	7.0	10.8	27.7	15.2	3.8

	化学纤维制造业				橡胶和塑料制品业			
	收入	利润	出口交货值	工业增加值	收入	利润	出口交货值	工业增加值
2017年2月	19.1	112.2	11.0	8.6	11.1	12.0	4.4	8.4
2017年3月	15.0	84.7	14.0	5.8	10.6	8.8	6.6	8.2
2017年4月	14.6	67.6	16.0	4.8	10.1	5.4	7.1	7.7
2017年5月	14.5	51.4	16.2	3.7	10.1	4.5	9.0	7.4
2017年6月	15.1	53.1	21.3	3.7	10.4	5.5	10.4	7.3
2017年7月	14.9	54.6	22.6	4.0	9.7	4.8	10.9	6.8
2017年8月	15.5	48.6	23.8	4.7	8.8	4.0	11.0	6.6
2017年9月	16.3	50.1	20.0	5.3	8.9	4.4	10.2	6.4
2017年10月	15.4	48.6	19.9	5.3	8.9	4.1	9.5	6.3
2017年11月	14.1	43.7	15.8	5.4	7.7	3.6	8.8	6.2
2017年12月	15.7	38.3	20.5	5.8	7.3	3.7	8.7	6.3
2018年2月	7.9	-18.9	15.3	0.5	4.3	-6.6	10.5	3.6
2018年3月	11.1	-15.2	15.5	3.0	4.8	-4.6	6.2	3.3
2018年4月	14.3	-8.3	12.0	4.7	6.4	-1.1	5.3	4.3
2018年5月	15.2	4.2	9.9	5.4	5.4	-0.8	3.6	3.9

资料来源：国家统计局网站。

钢铁行业分化运行。2018 年 1—5 月，黑色金属矿采选业工业增加值同比下降 2.5%，降幅比 2017 年同期收窄 0.6 个百分点，但比 2018 年第一季度扩大 1.3 个百分点。北方地区环保限产力度不及预期，钢铁企业对市场预期乐观，钢铁生产多处于高负荷运行状态，推动钢铁行业持续加快生产。2018 年 1—5 月，黑色金属冶炼及压延加工业工业增加值同比增长 4.4%，增速较 2017 年同期和 2018 年第一季度分别加快 4.0 个和 1.5 个百分点，增速创出自 2016 年以来的最高点。

从效益来看，2018 年 1—5 月，黑色金属矿采选业收入和利润同比分别下降 3.8% 和 45.3%，降幅比 2018 年第一季度分别扩大 1.5 个和 5.5 个百分点。而 2017 年同期黑色金属矿采选业收入和利润均处于正增长。由于钢材价格整体保持相对高位，加之钢铁企业着力推动“降本增效”，行业利润继续保持高速增长。2018 年 1—5 月，黑色金属冶炼及压延加工业收入和利润同比分别增长 15.2% 和 114.7%，增速较 2018 年第一季度分别加快 4.1 个和 50.6 个百分点。

从出口来看，受钢铁领域国际贸易摩擦影响，加之中国钢材价格竞争优势不明显，钢铁出口下滑。2018 年 1—5 月，黑色金属冶炼及压延加工业出口交货值同比下降 5.1%，但降幅较 2018 年第一季度收窄

3.8 个百分点。2018 年 1—5 月，黑色金属矿采选业出口交货值同比增长 290%。

表 1-3　　钢铁行业主要指标累计增速　　(%)

	黑色金属矿采选业				黑色金属冶炼及压延加工业			
	收入	利润	出口交货值	工业增加值	收入	利润	出口交货值	工业增加值
2017 年 2 月	24.4	80.5	0.0	-2.5	27.3	2109.8	17.4	-9.1
2017 年 3 月	27.9	88.2	400.0	-2.8	26.3	358.9	20.7	1.0
2017 年 4 月	26.1	89.2	700.0	-2.9	24.2	141.5	17.1	0.8
2017 年 5 月	24.1	83.7	600.0	-3.1	23.3	93.5	18.9	0.4
2017 年 6 月	22.8	76.8	700.0	-2.4	23.2	96.4	18.3	0.5
2017 年 7 月	20.1	71.3	350.0	-2.7	22.7	101.5	15.3	0.7
2017 年 8 月	18.5	68.6	100.0	-2.9	22.4	106.9	12.6	0.7
2017 年 9 月	17.4	66.0	-42.9	-3.2	23.1	118.5	11.2	0.6
2017 年 10 月	14.2	56.4	-42.9	-3.4	23.5	162.2	11.3	0.5
2017 年 11 月	12.1	42.5	100.0	-3.2	22.9	180.1	10.0	0.4
2017 年 12 月	10.9	43.8	150.0	-2.8	22.4	177.8	6.9	0.3
2018 年 2 月	-1.7	-20.8	240.7	-0.3	11.7	97.7	-10.9	1.7
2018 年 3 月	-2.3	-39.8	430.4	-1.2	11.1	64.1	-8.9	2.9
2018 年 4 月	-2.4	-46.1	280.4	-2.3	15.6	95.4	-5.7	3.5
2018 年 5 月	-3.8	-45.3	290.0	-2.5	15.2	114.7	-5.1	4.4

资料来源：国家统计局网站。

有色金属行业生产分化。2018 年 1—5 月，有色金属矿采选业工业增加值同比下降 2.4%，降幅比 2017 年同期和 2018 年第一季度分别收窄 0.3 个和 0.9

个百分点；有色金属冶炼及压延加工业工业增加值同比增长 5.4%，增速比 2017 年同期和 2018 年第一季度分别加快 3.7 个和 0.2 个百分点。

从效益数据来看，2018 年 1—5 月，有色金属冶炼及压延加工业出现了“增收不增利”的现象，即有色金属冶炼及压延加工业收入同比增长 12.2%，而利润却同比下降 11.5%。究其原因主要是成本费用显著上升，2018 年 1—5 月，有色金属冶炼及压延加工业主营业务成本、营业费用、管理费用同比增长 12.8%、14.0% 和 17.8%，分别高于收入 0.6 个、1.8 个和 5.6 个百分点。2018 年 1—5 月，有色金属矿采选业收入和利润同比分别增长 5.0% 和 20.7%，增速比 2018 年第一季度分别减少 1.3 个和 8.1 个百分点，比去年同期分别减少 8.4 个和 31.6 个百分点。

有色金属冶炼及压延加工业出口显著好转。由于美国商务部开展对中国铝材出口的“232 调查”，很多铝材出口商出于对后期政策的忧虑，而提前将铝材出口，因此第一季度铝材出口处于较高水平。2018 年第一季度有色金属冶炼及压延加工业出口交货值同比增长 11.2%。在中美贸易摩擦加剧的背景下，1—4 月和 1—5 月有色金属冶炼及压延加工业出口交货值同比增速降至个位数。2018 年 1—5 月，有色金属矿采选业出口交货值同比增长 19.4%。

表1-4　　有色金属行业主要指标累计增速　　(%)

	有色金属矿采选业				有色金属冶炼及压延加工业			
	收入	利润	出口交货值	工业增加值	收入	利润	出口交货值	工业增加值
2017年2月	17.4	72.2	-22.2	-1.8	18.2	123.0	29.3	-0.4
2017年3月	16.1	61.3	11.5	-2.2	19.6	93.8	27.3	1.5
2017年4月	14.4	61.2	-12.1	-2.5	19.4	74.5	23.9	1.5
2017年5月	13.4	52.3	-34.5	-2.7	17.9	57.5	19.9	1.7
2017年6月	12.1	44.8	0.0	-3.3	17.7	52.7	20.4	2.1
2017年7月	9.9	41.0	-21.9	-4.2	17.0	45.6	15.0	2.0
2017年8月	8.5	38.8	-37.9	-4.7	17.2	44.8	13.0	1.8
2017年9月	9.7	39.3	-38.9	-4.9	17.0	47.1	12.9	1.5
2017年10月	9.5	41.8	-13.6	-4.7	17.1	44.1	16.6	1.1
2017年11月	-0.4	26.1	-4.5	-4.2	15.9	36.5	17.3	1.1
2017年12月	-2.3	23.5	3.3	-3.6	15.7	28.6	18.6	1.5
2018年2月	3.6	22.4	37.7	-3.5	11.3	-11.9	13.9	4.4
2018年3月	6.3	28.8	-13.9	-3.3	11.4	-17.9	11.2	5.2
2018年4月	5.9	22.6	18.4	-2.6	11.6	-15.8	6.4	5.4
2018年5月	5.0	20.7	19.4	-2.4	12.2	-11.5	9.3	5.4

资料来源：国家统计局网站。

受需求市场、产能过剩等因素影响，建材行业呈现增速放缓运行特征。随着全国投资增速放缓，建材投资驱动类产品增长速度再次回落，陷入低增长通道。2018 年 1—5 月，非金属矿采选业和非金属矿物制品业工业增加值同比分别增长 0.3% 和 2.3%，较 2018 年第一季度分别减少 2.1 个和 0.2 个百分点，比 2017 年同期分别减少 3.5 个和 3.6 个百分点。

建材行业经济效益分化显著。2017 年以来建材产品平均出厂价格持续上涨，在建材主要产品中，水泥出厂价格上涨明显，是推动水泥行业乃至建材行业利润快速增长的主要原因。全国水泥价格经过 2016 年、2017 年的扶摇直上，2018 年 1 月上旬达到高点后开始下跌，3 月末全国水泥价格指数为 132.0 点，相比 2018 年年初下跌了 12.1%，但相比 2017 年同期仍有 25.5% 的涨幅。2018 年 1—5 月，非金属矿物制品业收入和利润保持较高增长，同比分别增长 14.2% 和 44.6%，比 2018 年第一季度分别加快 -0.4 个和 1.9 个百分点，比 2017 年同期分别增加 1.4 个和 18.4 个百分点。2018 年 1—5 月，非金属矿采选业利润同比增长 1.2%，增速较 2018 年第一季度和 2017 年同期分别减少 11.8 个和 6.2 个百分点。2018 年 1—5 月，非金属矿采选业和非金属矿物制品业出口交货值同比分别增长 15.6% 和 11.1%，非金属矿采选业出口交货值同比增速呈现较大波动，非金属矿物制品业出口交货值同比增速逐月放慢。

表 1-5 非金属矿采选业和非金属矿物制品业主要指标累计增速 (%)

	非金属矿采选业				非金属矿物制品业			
	收入	利润	出口交货值	工业增加值	收入	利润	出口交货值	工业增加值
2017 年 2 月	5.3	7.6	13.0	4.1	11.0	20.5	6.2	5.8
2017 年 3 月	7.2	8.8	2.4	3.4	12.3	25.6	7.7	6.2
2017 年 4 月	6.6	8.2	43.5	3.4	12.4	26.8	8.7	6.2
2017 年 5 月	6.5	7.4	-9.1	3.8	12.8	26.2	8.6	5.9
2017 年 6 月	7.7	12.2	-2.8	3.7	13.2	25.4	7.9	5.5
2017 年 7 月	6.2	10.0	30.1	2.9	12.6	25.1	8.5	5.2
2017 年 8 月	5.0	10.1	-12.6	2.2	11.6	23.9	7.7	4.7
2017 年 9 月	3.9	10.1	7.0	1.5	11.9	24.6	9.9	4.4
2017 年 10 月	0.7	5.8	3.1	0.8	10.8	23.2	11.6	4.2
2017 年 11 月	-1.3	4.8	20.3	0.1	9.7	21.9	13.7	4.0
2017 年 12 月	-2.7	2.7	-2.0	-0.4	9.3	20.5	10.0	3.7
2018 年 2 月	7.5	12.8	5.4	1.9	16.2	56.8	17.7	4.2
2018 年 3 月	8.5	13.0	26.7	2.4	14.6	42.7	14.4	2.5
2018 年 4 月	8.7	-3.1	-20.3	1.4	14.9	45.2	12.0	2.3
2018 年 5 月	6.6	1.2	15.6	0.3	14.2	44.6	11.1	2.3

资料来源：国家统计局网站。

2. 装备工业

机械行业保持较高增长，但呈现回落态势。2018 年 1—5 月，除铁路、船舶、航空航天和其他运输设备制造业以及金属制品业工业增加值增速低于工业平均增速外，通用设备制造业，专用设备制造业，仪器仪表制造业，金属制品、机械和设备修理业，电气机械及器材制造业工业增加值同比分别增长 8.2%、11.0%、8.1%、10.7% 和 8.5%，增速比 2017 年同期分别减少 2.6 个、1.0 个、3.9 个、2.2 个和 0.5 个百分点，增速比 2018 年第一季度分别加快 0 个、0.3 个、0.4 个、-4.8 个和 -0.5 个百分点。

经济效益回落。2018 年 1—5 月，通用设备制造业和仪器仪表制造业利润同比分别增长 9.6% 和 3.2%，增速由 2017 年两位数增长降至个位数增长；铁路、船舶、航空航天和其他运输设备制造业，金属制品业利润同比分别下降 10.1% 和 2.7%，而 2017 年同期却分别增长 1.9% 和 7.8%；专用设备制造业，金属制品、机械和设备修理业以及电气机械及器材制造业利润同比分别增长 22.2%、25.9% 和 1.9%，与 2017 年同期相比分别减少 2.9 个、-31.8 个和 4.6 个百分点。

对外贸易回落。2018 年 1—5 月，除铁路、船舶、航空航天和其他运输设备制造业出口交货值同比下降外，通用设备制造业，专用设备制造业，仪器仪表制造业，金属制品业，金属制品、机械和设备修理业，电气机械及器材制造业出口交货值均实现增长。通用设备制造业，专用设备制造业，仪器仪表制造业，金属制品业，金属制品、机械和设备修理业，电气机械及器材制造业出口交货值同比分别增长 4.7%、5.7%、1.8%、2.1%、8.4% 和 7.3%，比 2017 年同期分别减少 4.0 个、9.8 个、10.8 个、9.8 个、13.6 个和 2.4 百分点。

表 1－6　　机械行业主要指标累计增速　　(%)

	通用设备制造业				专用设备制造业			
	收入	利润	出口交货值	工业增加值	收入	利润	出口交货值	工业增加值
2017 年 2 月	11.5	23.3	6.1	10.6	10.7	19.8	12.9	11.5
2017 年 3 月	11.3	22.2	8.0	10.6	11.5	22.1	13.6	12.4
2017 年 4 月	11.3	20.0	7.2	10.7	11.4	24.4	14.3	12.2
2017 年 5 月	11.8	18.2	8.7	10.8	11.7	25.1	15.5	12.0
2017 年 6 月	12.4	18.9	8.8	11.2	13.0	25.4	8.8	12.0
2017 年 7 月	11.8	18.1	8.7	11.2	12.4	22.6	8.8	12.1
2017 年 8 月	11.0	16.9	8.2	11.1	11.6	22.7	9.8	12.1
2017 年 9 月	9.6	15.8	8.2	11.1	10.8	24.5	10.1	12.0
2017 年 10 月	9.8	14.6	8.1	10.9	10.6	27.1	9.9	12.1
2017 年 11 月	8.9	12.9	7.3	10.7	9.7	24.1	10.6	11.9
2017 年 12 月	8.5	13.5	7.1	10.5	10.2	29.3	10.0	11.8
2018 年 2 月	10.4	8.5	9.2	9.1	11.5	15.6	12.4	10.3
2018 年 3 月	10.4	4.6	5.2	8.2	13.2	19.0	6.7	10.7
2018 年 4 月	11.2	9.8	4.8	8.6	15.6	23.9	5.9	11.4
2018 年 5 月	10.0	9.6	4.7	8.2	14.6	22.2	5.7	11.0

续表

	铁路、船舶、航空航天和其他运输设备制造业				仪器仪表制造业			
	收入	利润	出口交货值	工业增加值	收入	利润	出口交货值	工业增加值
2017 年 2 月	0.1	-10.9	-10.6	3.2	12.9	19.3	11.4	11.4
2017 年 3 月	3.0	1.2	-6.9	4.1	12.9	21.7	11.4	12.6
2017 年 4 月	4.2	1.9	-5.0	5.0	13.4	23.8	12.3	12.3
2017 年 5 月	4.7	1.9	-2.2	5.3	13.8	36.5	12.6	12.0
2017 年 6 月	5.7	2.1	-2.6	5.2	14.8	32.1	14.6	12.5
2017 年 7 月	5.5	-1.2	-1.0	5.1	15.1	29.6	13.3	12.5
2017 年 8 月	6.5	1.5	0.0	5.1	15.1	26.5	12.0	12.7
2017 年 9 月	6.5	3.0	0.0	5.2	14.2	24.9	11.6	13.3
2017 年 10 月	7.4	4.2	-0.4	5.2	14.6	24.4	11.1	13.2
2017 年 11 月	6.4	0.3	-1.8	5.6	12.2	20.7	11.2	12.8
2017 年 12 月	6.3	-1.1	-2.2	6.2	10.6	16.8	12.1	12.5
2018 年 2 月	6.1	-22.3	3.2	4.9	9.4	10.9	9.3	7.7
2018 年 3 月	5.8	-15.2	0.9	4.7	9.8	13.8	4.2	7.7
2018 年 4 月	6.1	-12.2	1.0	4.2	10.8	21.2	1.4	8.1
2018 年 5 月	4.9	-10.1	-2.0	4.0	9.2	3.2	1.8	8.1

	金属制品业				金属制品、机械和设备修理业			
	收入	利润	出口交货值	工业增加值	收入	利润	出口交货值	工业增加值
2017 年 2 月	10.5	10.4	12.9	8.4	5.6	4.0	15.1	2.3
2017 年 3 月	11.5	10.8	15.1	8.7	5.9	6.5	11.5	9.5
2017 年 4 月	10.8	9.5	12.5	8.3	4.7	4.3	19.9	12.0
2017 年 5 月	11.0	7.8	11.9	8.1	9.1	-5.9	22.0	12.9
2017 年 6 月	11.6	8.0	10.9	8.3	-3.5	-9.1	62.1	12.5
2017 年 7 月	11.0	8.1	10.3	7.9	-1.8	-3.1	57.6	11.2
2017 年 8 月	10.0	7.3	10.1	7.4	-1.0	18.7	58.0	11.5
2017 年 9 月	9.4	7.2	11.0	7.2	-0.1	31.0	57.8	11.3

续表

	金属制品业				金属制品、机械和设备修理业			
	收入	利润	出口交货值	工业增加值	收入	利润	出口交货值	工业增加值
2017 年 10 月	9.5	7.8	11.2	6.9	14.0	-4.0	59.1	11.1
2017 年 11 月	7.8	6.4	10.6	6.6	0.4	242.4	66.5	10.7
2017 年 12 月	6.7	5.4	9.5	6.6	11.3	14.8	70.9	9.8
2018 年 2 月	10.7	2.4	7.1	5.5	5.0	-28.9	14.7	17.1
2018 年 3 月	9.7	-0.5	2.0	4.5	5.3	-12.6	13.6	15.5
2018 年 4 月	8.3	-2.4	1.6	4.7	6.8	12.7	7.8	12.2
2018 年 5 月	9.2	-2.7	2.1	4.2	5.1	25.9	8.4	10.7

资料来源：国家统计局网站。

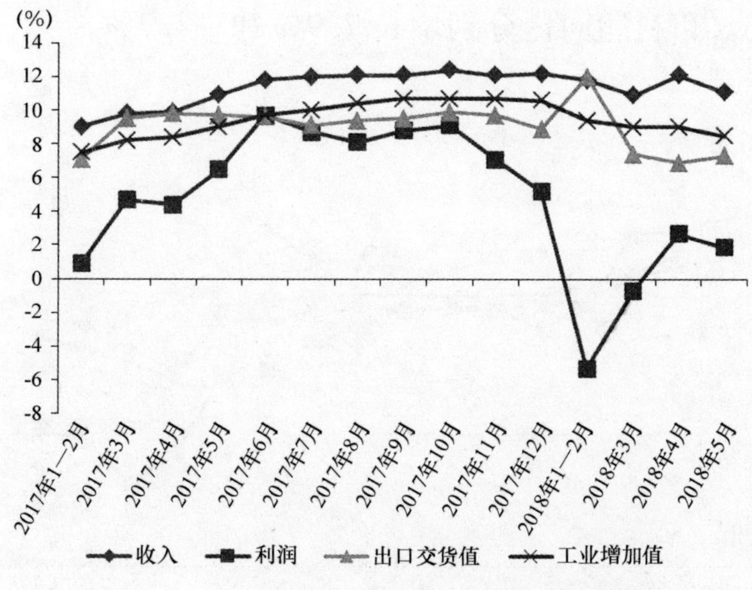

图 1-8 电气机械及器材制造业主要指标累计增速

资料来源：国家统计局网站。

汽车制造业生产回落。受购置税优惠幅度减小及新能源汽车政策调整等因素的影响，汽车制造业工业增加值增速放缓。2018 年 1—5 月，汽车制造业工业增加值同比增长 9.2%，增速较 2017 年同期减少 4.0 个百分点，但比 2018 年第一季度增加 2.4 个百分点。

汽车制造业效益回落。2018 年 1—5 月，汽车制造业收入和利润累计同比增长分别为 11.1% 和 0.5%，增速比 2017 年同期分别减少了 1.0 个和 9.5 个百分点，比 2018 年第一季度分别增加 3.2 个和 5.2 个百分点。2018 年以来特别是第一季度，汽车行业收入和利润出现较为严重的背离，汽车制造业收入同比增长的同时是企业利润增速不断放缓。第一季度，汽车制造业收入和利润同比分别增长 7.9% 和 -4.7%。

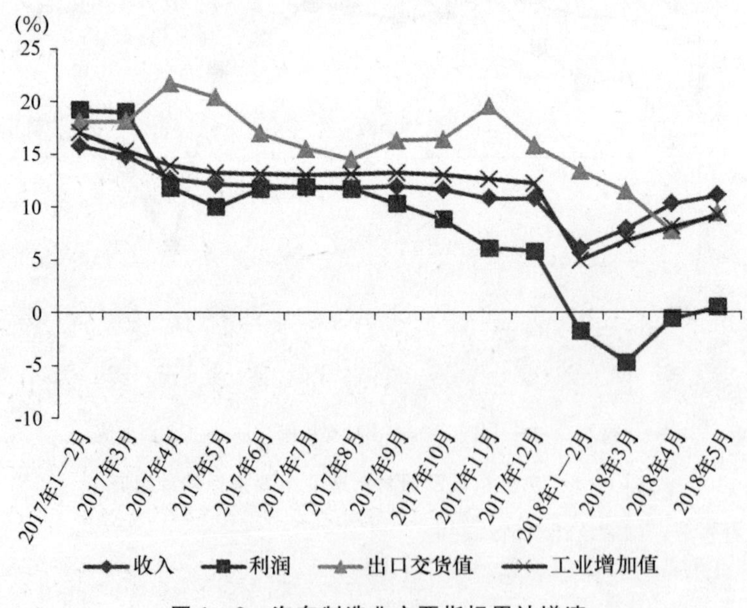

图 1-9　汽车制造业主要指标累计增速

资料来源：国家统计局网站。

汽车制造业出口回落。2018 年 1—5 月，汽车制造业出口交货值同比增长 9.4%，比 2018 年第一季度和 2017 年同期分别减少了 -2.1 个和 11.0 个百分点。

3. 消费品工业

纺织服装行业低位运行。随着日益上涨的国内成本和其他国家持续加强在供应和技术等环节的优势，中国纺织服装行业呈现出低位运行态势。从工业增加值来看，2018 年 1—5 月，纺织业，纺织服装、服饰业，皮革、毛皮、羽毛及其制品和制鞋业工业增加值同比分别增长 1.4%、5.3% 和 4.8%，增速较 2017 年同期分别减少 3.0 个、1.2 个和 0.9 百分点，较 2018 年第一季度分别减少 0.7 个、0.7 个和 0.6 个百分点。从效益数据来看，纺织服装各行业收入和利润均较 2017 年同期出现回落。2018 年 1—5 月，纺织业，纺织服装、服饰业，皮革、毛皮、羽毛及其制品和制鞋业收入同比分别增长 1.0%、3.5% 和 5.4%，比 2017 年同期分别减少 8.3 个、4.2 个和 1.3 个百分点，比 2018 年第一季度减少 -0.6 个、0.7 个和 1.2 个百分点；纺织业，纺织服装、服饰业，皮革、毛皮、羽毛及其制品和制鞋业利润同比分别增长 -0.1%、0.9% 和 0.9%，比 2017 年同期分别减少 5.4 个、8.5 个和 6.7 个百分点。从出口交货值看，2018 年1—5 月，纺织业，皮革、毛皮、羽毛及其制品和制鞋业出口交货值同比分别增长1.8%和0.6%，但仍处于较低的增速，较2017年同期分别减少4.0个和5.7个百分点，较2018年第一季度分别减少0.3个和1.1个百分点。纺织服装、服饰业出口仍处于负增长态势。2018年1—5月，纺织服装、服饰业出口交货值同比下降1.3%，降幅较2018年第一季度收窄0.1个百分点。

表1-7 纺织业和纺织服装、服饰业主要指标累计增速 （%）

	纺织业				纺织服装、服饰业			
	收入	利润	出口交货值	工业增加值	收入	利润	出口交货值	工业增加值
2017年2月	9.1	4.6	5.5	4.1	6.6	5.4	-0.6	5.6
2017年3月	9.1	5.8	5.7	4.3	7.4	10.1	1.9	6.2
2017年4月	9.1	5.3	5.6	4.2	7.5	9.0	2.5	6.2
2017年5月	9.3	5.3	5.8	4.4	7.7	9.4	2.7	6.5
2017年6月	9.4	5.1	4.6	4.5	8.0	12.0	3.0	6.8
2017年7月	8.8	5.4	3.8	4.5	7.5	12.0	2.2	6.6
2017年8月	7.8	4.1	4.2	4.4	6.9	10.7	1.3	6.3
2017年9月	7.1	3.7	4.4	4.3	5.8	11.4	1.7	6.4
2017年10月	6.3	3.2	3.9	4.2	5.1	8.6	1.6	6.2
2017年11月	4.5	2.1	2.7	4.0	1.9	6.0	0.7	6.0
2017年12月	3.7	3.6	3.4	4.0	1.1	2.9	-0.4	5.8
2018年2月	1.1	3.0	7.1	2.8	5.5	-0.1	1.6	6.3
2018年3月	0.4	-2.6	2.1	2.1	4.2	-3.1	-1.4	6.0
2018年4月	1.9	1.0	1.8	2.1	4.7	0.9	-0.7	6.0
2018年5月	1.0	-0.1	1.8	1.4	3.5	0.9	-1.3	5.3

资料来源：国家统计局网站。

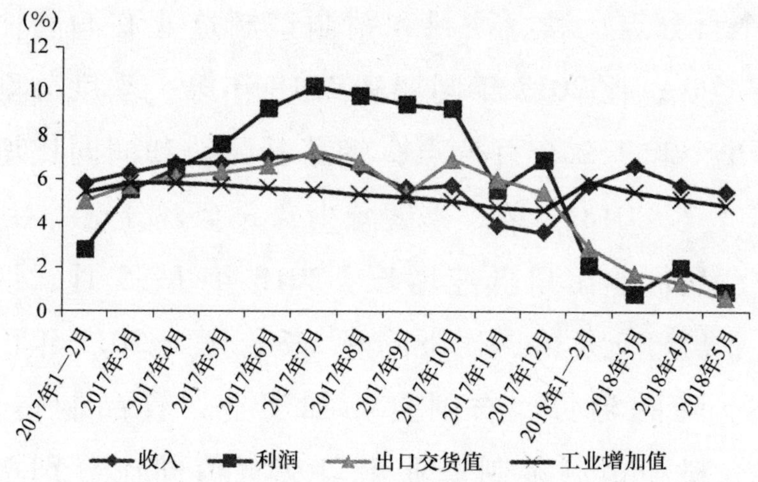

图 1－10　皮革、毛皮、羽毛及其制品和制鞋业主要指标累计增速

资料来源：国家统计局网站。

食品行业生产较为稳定，烟草制造业增势突出。2018 年 1—5 月，农副食品加工业，食品制造业，酒、饮料和精制茶制造业工业增加值同比分别增长 6.6%、6.7% 和 8.0%，较 2017 年同期分别减少 0.7 个、1.8 个和 1.5 个百分点，较 2018 年第一季度则分别减少 1.2 个、0.7 个和 0.5 个百分点，呈现出较强的稳定性；而烟草制造业工业增加值同比增长 12.7%，较 2017 年同期增长了 12.2 个百分点，但比 2018 年第一季度减少了 0.6 个百分点。

食品行业经济效益增速分化。2018 年 1—5 月，农副食品加工业和食品制造业利润同比分别增长 1.3% 和 3.0%，较 2017 年同期分别减少 6.2 个和 4.5 个百分点，比 2018 年第一季度分别减少 －0.3 个和

6.0 个百分点；酒、饮料和精制茶制造业利润同比增长 22.5%，比 2017 年同期和 2018 年第一季度分别增加 8.6 个和 1.2 个百分点；烟草制品业利润同比增长 7.2%，较 2018 年第一季度减少 0.3 个百分点。

食品行业出口低速增长。2018 年 1—5 月，烟草制品业出口交货值同比下降 9.2%，延续 2017 年以来出口下降的趋势。农副食品加工业，食品制造业，酒、饮料和精制茶制造业出口交货值同比分别增长 0.5%、6.5% 和 7.7%，较 2017 年同期分别减少 5.5 个、0 个和 -2.2 个百分点，较 2018 年第一季度分别减少 2.0 个、-4.1 个和 1.4 个百分点。

表 1-8 食品行业主要指标累计增速 (%)

	农副食品加工业				食品制造业			
	收入	利润	出口交货值	工业增加值	收入	利润	出口交货值	工业增加值
2017 年 2 月	9.3	9.7	3.2	6.3	8.9	7.1	9.9	7.7
2017 年 3 月	9.7	9.7	6.4	6.9	8.7	5.5	9.5	8.7
2017 年 4 月	9.4	8.4	6.4	7.3	9.0	8.1	8.2	8.8
2017 年 5 月	9.3	7.5	6.0	7.3	9.1	7.5	6.5	8.5
2017 年 6 月	9.4	6.6	6.3	7.3	9.5	9.7	8.1	9.0
2017 年 7 月	8.4	5.7	5.8	7.1	9.2	8.1	7.9	8.7
2017 年 8 月	7.6	5.5	5.6	6.9	8.8	8.6	5.7	8.6
2017 年 9 月	7.1	6.0	5.7	6.8	9.0	8.2	4.5	8.6
2017 年 10 月	6.6	5.1	6.1	6.6	8.9	8.2	7.0	8.9
2017 年 11 月	5.9	5.0	6.5	6.6	8.3	7.3	6.2	9.0

续表

	农副食品加工业				食品制造业			
	收入	利润	出口交货值	工业增加值	收入	利润	出口交货值	工业增加值
2017 年 12 月	5.8	4.5	6.9	6.8	8.3	6.7	7.0	9.1
2018 年 2 月	4.3	-0.1	3.0	6.8	8.6	12.3	3.8	7.3
2018 年 3 月	5.4	1.0	2.5	7.8	9.3	9.0	2.4	7.4
2018 年 4 月	6.0	2.1	1.1	7.3	8.8	5.4	6.6	6.9
2018 年 5 月	4.7	1.3	0.5	6.6	7.9	3.0	6.5	6.7

	酒、饮料和精制茶制造业				烟草制品业			
	收入	利润	出口交货值	工业增加值	收入	利润	出口交货值	工业增加值
2017 年 2 月	9.3	12.8	-5.3	9.4	-3.5	-8.2	57.1	-5.3
2017 年 3 月	9.2	11.8	-3.5	9.7	-1.3	-7.0	-21.0	0.2
2017 年 4 月	9.2	13.6	-2.7	9.7	-2.0	-9.1	-9.4	0.4
2017 年 5 月	9.7	13.9	5.5	9.5	1.3	-1.4	2.7	0.5
2017 年 6 月	10.4	14.2	6.8	9.8	-0.6	-8.4	-4.2	1.6
2017 年 7 月	9.9	14.8	2.6	9.6	0.8	-9.1	-1.0	2.0
2017 年 8 月	9.4	14.9	1.5	9.3	1.9	-6.8	-4.5	2.5
2017 年 9 月	9.8	19.4	3.5	9.4	3.4	-3.8	-3.5	3.9
2017 年 10 月	9.6	20.0	0.2	9.3	3.5	-3.8	1.8	3.9
2017 年 11 月	8.2	17.8	-1.4	9.2	3.0	-3.2	-2.0	4.5
2017 年 12 月	7.7	17.5	2.9	9.1	2.4	-6.3	-3.7	3.5
2018 年 2 月	10.0	19.0	13.5	8.5	18.6	8.0	8.7	16.7
2018 年 3 月	11.6	21.3	9.1	8.5	14.8	7.5	-2.9	13.3
2018 年 4 月	11.9	24.8	12.5	8.2	13.6	8.8	-24.7	12.6
2018 年 5 月	10.8	22.5	7.7	8.0	11.4	7.2	-9.2	12.7

资料来源：国家统计局网站。

医药制造业保持高位增长，但增速有所回落。一般认为，医药制造业是逆经济周期行业，经济越不景气，医药需求越大，而医药制造业增长速度越快。

2018 年 1—5 月，医药制造业工业增加值同比增长 10.9%，较 2017 年同期和 2018 年第一季度分别减少 0.3 个和 0.5 个百分点。

医药制造业效益表现积极。2018 年 1—5 月，医药制造业主营业务收入和利润同比分别增长 13.9% 和 13.2%，较 2017 年同期分别提升了 2.0 个和 -2.5 个百分点，较 2018 年第一季度分别减少 2.2 个和 9.3 个百分点。2018 年 1—5 月，医药制造业出口交货值同比增长 13.6%，较 2017 年同期和 2018 年第一季度分别增加了 6.6 个和 -1.7 个百分点。

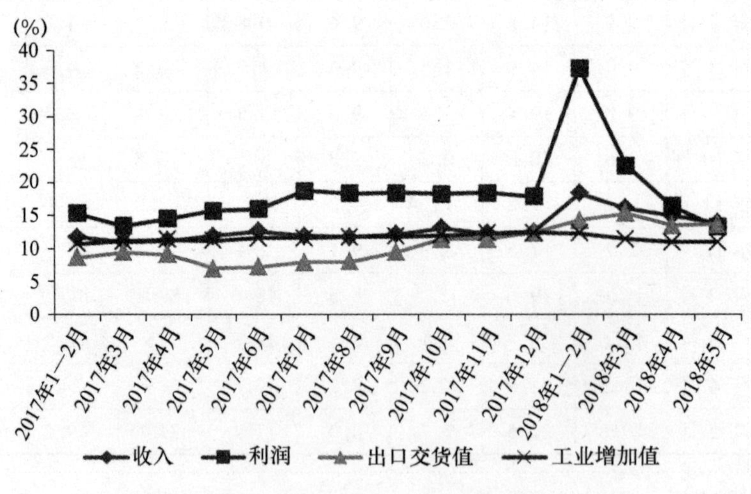

图 1-11　医药制造业主要指标累计增速

资料来源：国家统计局网站。

当前，中国工业经济总体呈现积极向好态势。但也要看到，国际环境不稳定、不确定因素仍然存在，国内经济正处在结构调整的过渡期，仍面临不少隐忧和挑战。短期内工业企业偿债能力下降。2018 年 1—5 月，中国工业企业已获利息倍数为 6.8，2017 年同期为 7.4，减少了 0.6。企业盈利能力有所下降。2018 年 1—5 月，规模以上工业企业实现利润 27298.3 亿元，比 2017 年同期减少了 1749.3 亿元[①]。2018 年 1—5 月，工业亏损企业数量达到了 69908 户，比 2017 年同期增加了 13250 家。企业运营能力下降。2018 年 5 月，应收账款平均回收期 45.5 天，高于 2017 年同期 7.5 天；产成品周转天数 16.6 天，高于 2017 年同期 2.4 天。投入产出能力下降。2018 年 1—5 月，每百元资产实现的主营业务收入 96 元，低于 2017 年同期 14.3 元。这或许从另一个侧面说明工业企业面临着更为严峻的经营状况。

---

① 需要说明的是，这里的 2017 年同期数据，是 2017 年国家统计局公布的同期数据，而不是 2018 年统计口径变化后调整的数据。我们在这里试图将规模以上工业企业作为一个整体考虑经济效益的变化。

二　国内外经济形势分析及下半年中国工业增速预算

国际上，欧美经济表现良好，从趋势上看，美国经济有进一步增长的空间，而欧洲已出现回调态势；新兴国家则普遍出现增速下滑态势。严监管与贸易战，使中国国内市场呈现企稳承压的态势。从趋势预测看，2018 年下半年中国工业增速呈逐渐回调态势。

（一）国内外经济形势分析

1. 发达国家总体向好，但趋势分化显著；新兴国家下行压力加大

2017 年以来，国际贸易出现复苏迹象，主要出口国和地区出口规模增长较快，但由于贸易保护主义抬头，为全球贸易增长增加了更多不确定性。2018 年 6

月，摩根大通全球综合 PMI 为 54.20，高居荣枯线之上，但全球制造业 PMI 仅为 53.00，虽然也在荣枯线之上，但显然低于服务业。发达国家和新兴国家制造业 PMI 分化严重，发达国家尤其是美国，制造业 PMI 较高，并有进一步提高的趋势，而新兴国家勉强维持在荣枯线附近。就工业生产指数而言，新兴国家仍处在高位，但下滑趋势显著；发达国家增速平和，美国出现上涨态势。

（1）国际贸易复苏迹象明显，但受贸易保护主义抬头的影响，前景堪忧

2017 年以来国际贸易呈现出复苏迹象。2018 年世界出口贸易额已达 16.16 万亿美元的规模，受全球金融危机的影响，2019 年将为 12.55 万亿美元，规模缩小 28.72%，如图 2－1 所示，主要国家和地区贸易出口额同比增速一度下跌 30% 以上。随着各国刺激政策的相继出台，全球贸易一度增长到 2014 年的 18.97 万亿美元，然而随着刺激政策的相继退出，2015—2016 年全球贸易规模负增长分别为 16.52 万亿美元和 16.03 万亿美元。2017 年全球贸易开始止跌回升，2018 年上半年延续了这一势头，并带动部分国家制造业 PMI 和工业生产指数不断攀高。

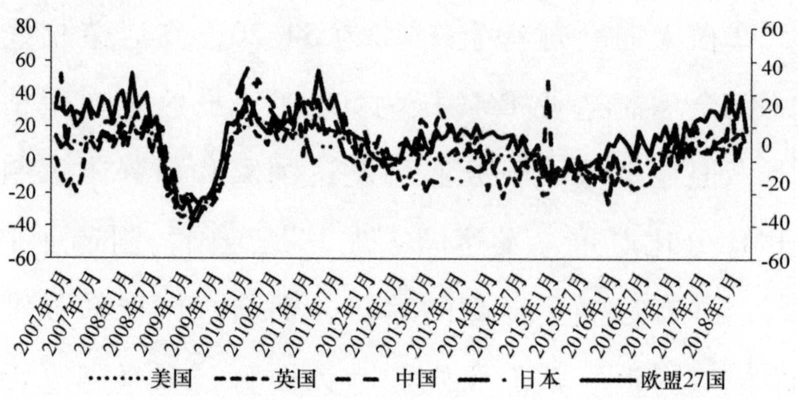

图 2-1 主要出口国金额同比增速（2007 年 1 月至 2018 年 1 月）

但特朗普上台后加强了贸易保护主义，2018 年年初至今通过增加关税、技术贸易壁垒等手段限制外国对美国的出口，对中国 500 亿美元商品加征关税，对从欧盟、加拿大和墨西哥进口的钢铁和铝分别征收 25% 和 10% 的关税，重新协商《北美自由贸易协定》。针对以上措施，中国和欧盟等对从美国进口产品加征相应分量的进口关税。同时，一些跨国企业为了应对贸易保护，也开始在美国设立工厂。这些行为最终缩短了全球价值链的长度，世界各国的经济联系削弱，为正在复苏的全球贸易蒙上一层阴影。

（2）工业生产指数新兴国家高位下调，发达国家稳中有进

除南非外，新兴国家工业生产指数同比增速普遍较高。其中，俄罗斯曾于 2017 年 6 月达到 10.36% 的增速，此后便进入下行通道，目前波动中有企稳迹

象。2018 年以来印度工业生产指数稳定在较高的增长速度上，尽管 5 月增速仅为 3.21%，但下滑的趋势较温和。与俄罗斯和印度等大国不同，易受国际环境影响的小国如巴西和南非，工业生产指数波动剧烈，大起大落时有发生，不同的是，巴西处在正增长区间，而南非数度滑落至负增长区间。总体而言，新兴市场的增长势头依旧不容小觑，但普遍进入下行通道。

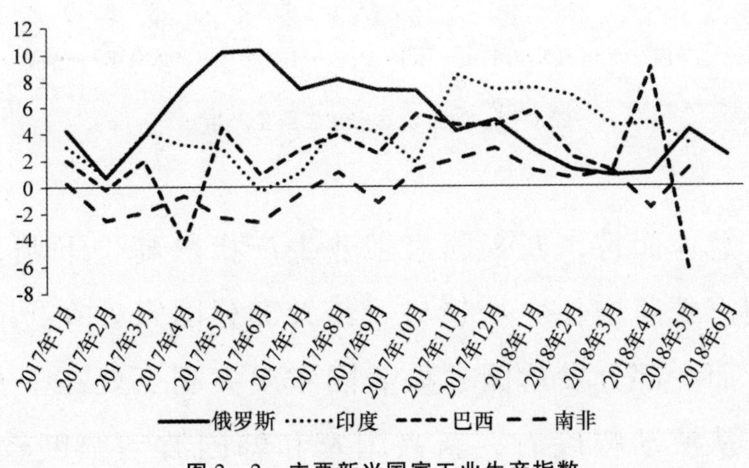

图 2-2 主要新兴国家工业生产指数

不同于新兴市场，发达国家工业生产指数波动较为缓和，而韩国受地缘政治的影响，成为发达国家的特例。除韩国外，尽管其他国家工业生产指数增长稳定，但增长趋势分化依旧显著，美国和澳大利亚明显处在上行通道，而欧元区和英国有缓慢下行的迹象。

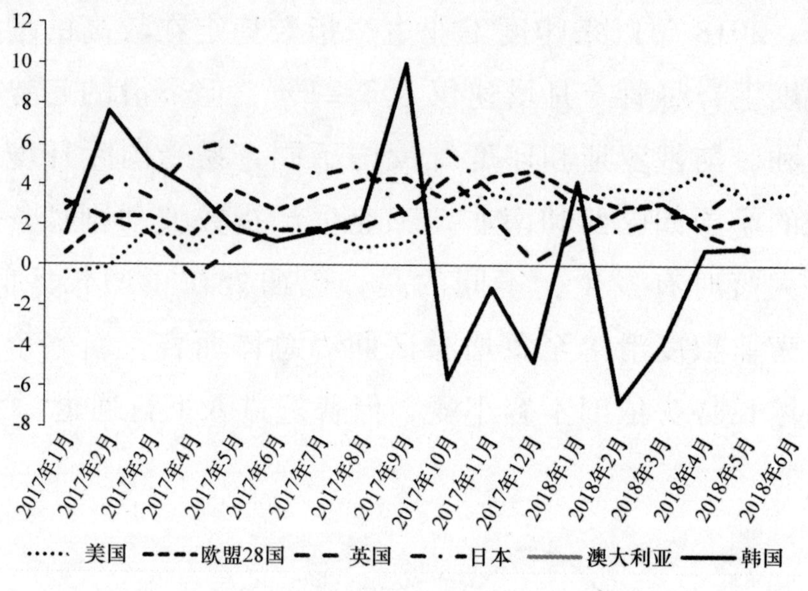

图 2－3　主要发达国家工业生产指数

总体而言，新兴国家工业生产指数高位下调，发达国家低速增长。从趋势看，大部分国家处在下行通道，而少部分发达国家如美国和澳大利亚处在上行通道；从波动幅度看，新兴国家和韩国波动幅度较大，其中规模较小的国家尤甚。

（3）发达国家制造业景气度表现良好，新兴国家则略显疲软

除韩国外，发达国家制造业景气度尽管差异较大，但普遍较高。其中，美国制造业景气度连续 22 个月位于荣枯线以上，曾数度超过 60 的高点，2018 年 6 月则再次超过 60，达到 60.20 的高点。欧元区的制造业景气度也一度超过 60，达到历史高点 60.60，

但2018年以来景气度不断探底，与美国形成分化态势。英国的情形与欧元区类似，尽管处于历史高位，但是却在下行通道。澳大利亚制造业景气指数表现抢眼，2018年3月曾一度冲到63.10的高位。与欧美国家不同，亚洲发达国家制造业景气指数不甚活跃，2017年以来日本长期处在荣枯线略高一点的位置，而韩国则始终在荣枯线上线徘徊。总体来看，2018年发达国家内部分化显著：欧美国家普遍较高，但分化趋势明显，美国维持上升趋势，而欧元区和英国处于下行通道；澳大利亚景气度持续稳居高位；亚洲国家持续低迷。

表2-1　主要发达国家和新兴国家的制造业PMI

	美国	欧元区	英国	日本	澳大利亚	韩国
2017年1月	56.00	55.20	55.70	52.70	51.20	49.00
2017年2月	57.70	55.40	54.50	53.30	59.30	49.20
2017年3月	57.20	56.20	54.20	52.40	57.50	48.40
2017年4月	54.80	56.70	57.30	52.70	59.20	49.40
2017年5月	54.90	57.00	56.30	53.10	54.80	49.20
2017年6月	57.80	57.40	54.20	52.40	55.00	50.10
2017年7月	56.30	56.60	55.30	52.10	56.00	49.10
2017年8月	58.80	57.40	56.90	52.20	59.80	49.90
2017年9月	60.80	58.10	56.00	52.90	54.20	50.60
2017年10月	58.70	58.50	56.30	52.80	51.10	50.20
2017年11月	58.20	60.10	58.20	53.60	57.30	51.20

续表

	美国	欧元区	英国	日本	澳大利亚	韩国
2017 年 12 月	59.30	60.60	56.20	54.00	56.20	49.90
2018 年 1 月	59.10	59.60	55.30	54.80	58.70	50.70
2018 年 2 月	60.80	58.60	55.20	54.10	57.50	50.30
2018 年 3 月	59.30	56.60	54.90	53.10	63.10	49.10
2018 年 4 月	57.30	56.20	53.90	53.80	58.30	48.40
2018 年 5 月	58.70	55.50	54.30	52.80	57.50	48.90
2018 年 6 月	60.20	54.90	54.40	53.00	57.40	49.80

	俄罗斯	印度	巴西	南非	中国
2017 年 1 月	54.70	50.40	44.00	51.30	51.30
2017 年 2 月	52.50	50.70	46.90	50.50	51.60
2017 年 3 月	52.40	52.50	49.60	50.70	51.80
2017 年 4 月	50.80	52.50	50.10	50.30	51.20
2017 年 5 月	52.40	51.60	52.00	50.20	51.20
2017 年 6 月	50.30	50.90	50.50	49.00	51.70
2017 年 7 月	52.70	47.90	50.00	50.10	51.40
2017 年 8 月	51.60	51.20	50.90	49.80	51.70
2017 年 9 月	51.90	51.20	50.90	48.50	52.40
2017 年 10 月	51.10	50.30	51.20	49.60	51.60
2017 年 11 月	51.50	52.60	53.50	48.80	51.80
2017 年 12 月	52.00	54.70	52.40	48.40	51.60
2018 年 1 月	52.10	52.40	51.20	49.00	51.30
2018 年 2 月	50.20	52.10	53.20	51.40	50.30
2018 年 3 月	50.60	51.00	53.40	51.10	51.50
2018 年 4 月	51.30	51.60	52.30	50.40	51.40
2018 年 5 月	49.80	51.20	50.70	50.00	51.90
2018 年 6 月	49.50	53.10	49.80	50.90	51.50

新兴国家普遍低迷。金砖五国中，制造业景气度较高的是中国和印度，但也就持续位于比荣枯线略高一点的位置；俄罗斯、巴西和南非曾一度跌破荣枯线，俄罗斯和巴西情况更差的表现在于，其制造业景气度处在趋势下滑的通道中，而南非则已经进入缓慢上行的通道中。总体而言，新兴国家制造业景气度普遍不高，中国和印度稳居略高于荣枯线的位置上，南非低位反弹中，俄罗斯和巴西有进一步下滑的风险。

2. 严监管 + 贸易战，国内市场呈企稳承压态势

当前经济增长下行压力较大。虽然新动能已经初露锋芒，但无法填补传统优势产业下滑造成的空缺；新旧动能转化之际，部门机构和各行各业风险逐渐显露，监管体系建设提上日程，而严监管下经济将遭受短期的影响；同时特朗普上台后的贸易保护措施则雪上加霜，为 2017 年出现复苏迹象的对外贸易蒙上一层阴影。

（1）新动能初露锋芒，传统行业后继乏力，经济增长依旧探底

2018 年第二季度 GDP 现价累计值为 41.90 万亿元，累计同比增长 9.98%，较 2017 年同期增速回落 1.38 个百分点；GDP 不变价累计值为 39.93 万亿美

元，累计同比增长 6.76%，较 2017 年同期下降 0.16 个百分点。分产业看，第一、第二、第三产业 GDP 累计同比增长分别为 3.20%、6.10% 和 7.60%，分别较 2017 年同期回落 0.30、0.30 和 0.10 个百分点。

新兴行业逆势增长，而传统优势产业后继乏力。第三产业中，信息传输、软件和信息技术服务业逆势增长，同比增速高达 30.40%，较 2017 年同期提高 9.50 个百分点，成为支撑服务业增长的关键行业，部分抵消了房地产增速下滑的影响；持续了 30 多年高增长的传统支柱行业——房地产，同比增速 3.60%，较 2017 年下滑 2.50 个百分点，成为拉低服务业增长的主要行业。

固定资产投资增速持续下滑，净出口增速负增长，未来增长需消费支撑。自 2016 年 9 月以来，净出口月度累计增速开始负增长，并出现加速下降趋势，成为制约 GDP 增长的主要因素。而投资增速也不容乐观，2011 年开始高增长的投资模式就开始进入下行通道，2016 年投资增长由两位数变为个位数，至今仍在探底，2018 年 6 月投资累计同比增速降至 2000 年以来的新低，即 6%，而探底并未显示筑底迹象。得益于国民收入的持续增长，消费增长维持在 10% 左右，尽管 2018 年以来，社会消费品零售总额从 10% 的增长下降至9%，但大幅下滑的可能性较小。

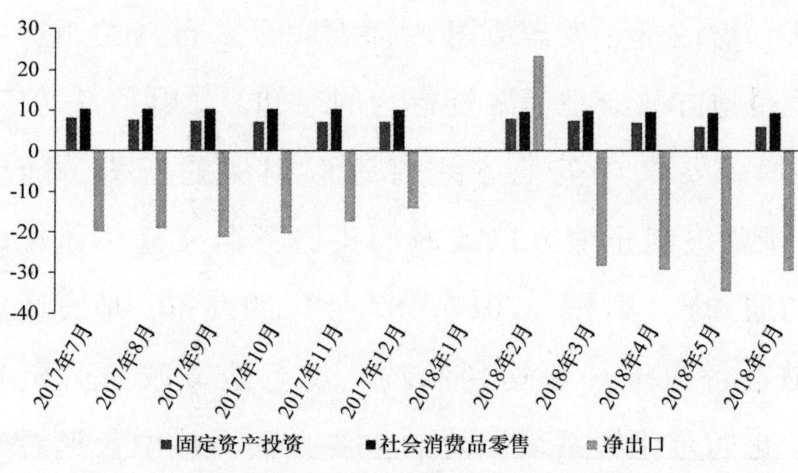

图2-4　三大需求增长趋势（2017年7月至2018年6月）

（2）严监管构筑经济持续发展防火墙，短期内会影响经济增长

2014年《国务院关于加强地方政府性债务管理的意见》（国发〔2014〕43号）发布后，就成为地方政府债务管理的纲领性文件，将地方政府的投融资行为纳入监管范围，明确要求地方政府不得为城投公司提供担保，地方政府通过发行地方政府债券进行融资。然而，随着经济下行压力的增长，地方政府债券的限额管理以及资金用途的严格管理严重制约了地方政府稳增长的能力，2015—2017年地方债的新增额分别只有0.6万亿元、1.18万亿元和1.63万亿元，为了获得

更灵活的资金使用权，地方政府通过隐形担保来获取发展资金。2017 年针对暗藏于隐性担保背后的风险的担忧，财政部、发改委等六部委联合发布《关于进一步规范地方政府举债融资行为的通知》（财预〔2017〕50 号），要求规范地方政府隐形担保的行为。随着《关于坚决制止地方以政府购买服务名义违法违规融资的通知》（财预〔2017〕87 号）的发布，地方政府的融资行为进一步受到制约。规范地方政府融资行为，是防范化解系统风险的主要方面，从中长期看有利于经济的稳定和可持续发展，然而短期内对经济增长则会造成一定程度的影响。如 2018 年 6 月基础设施建设投资（不含电力）累计同比增长仅为 7.30%，较 2017 年同期下降 13.8 个百分点。但是，基础建设投资的减速，释放了被挤压的民间投资活力，2018 年 6 月民间固定资产投资逆势增长，增速从 2017 年年底的 5.98% 大幅提高至 2018 年 6 月的 8.40%，成为支撑固定资产投资增长的力量。

除了规范地方政府的融资行为，政府对提供资金的金融机构也进行了较为严格的监管，并进行了机构调整，将原来的“一行三会”结构，调整为“一委一行两会”，合并银监会和保监会成立了银保监会，并成立金融稳定与发展委员会，协调“一行两会”的监管职责，为从分业监管模式转变向混业监管和功能监管模式转变提供机构保证。金融机构是地方政府主要的投资方，城投债通过远高于地方债的利息吸引着金融机构的资金，同时通过地方政府的隐性担保，为金融机构提供稳定的高收益。一方面借助于大资管扩容的东风，另一方面迫于互联网金融的压力，金融机构开始通过银行理财、券商资管开展非标业务，满足城投公司的资金需求。风险也不言而喻，城投公司依赖的地方政府的隐性担保被切断后，刚性兑付打破，随着持有期的来临，风险将逐渐暴露，严重时会引发金融危机。为此，2018 年 4 月针对非标业务的《关于规范金融机构资产管理业务的指导意见》出台，要求非标转标，从而避免期限错配和绕道监管，以降低发生系统性风险的可能性。跟非标业务相关的委托贷款和信托贷款存量大幅下滑，截至 2018 年 6 月，社会融资规模中委托贷款同比增长 -4.56%，较 2017 年同期下滑 18.96 个百分点，而信托贷款增速为 10.10%，较 2017 年同期下降 22.20 个百分点，拉低了整个社会的融资规模存量，从而引发信用紧缩的现象。对于实体经济的影响还有待观察和论证。

除对地方政府融资行为和金融机构投融资行为进行严监管外，旨在针对高污染、高耗能行业的环保监管也逐步规范和严格，随着疫苗问题的爆发，医疗卫生领域的严监管也呼之欲出，整个社会和行业的监管体系将进一步规范和完善，同时相关行业加速优胜劣汰，短期内对经济增长的影响也较为显著，但从中长期看则有利于经济可持续健康发展。

（3）贸易战引发贸易规则调整，加速出口贸易增速下滑趋势

2016 年 9 月以来，净出口月度累计增速开始负增长，这是由于出口增速放缓、进口速度加快双重作用的结果。实际上截至 2018 年 6 月，出口累计同比增长 12.70%，较 2017 年提高 4.95 个百分点；而进口增长速度远高于出口增速，达到 19.90%，较 2017 年同期的 18.84% 提高 1.06 个百分点，增速连续 18 个月两位数增长。特朗普发起的惩罚性关税的颁布，使得中国出口额将进一步下降，净出口额增速负增长将加速。2018 年 7 月，美国和欧盟达成零关税协议，美国针对全球钢铝关税的协议，变成了只针对中国等少数国家的协议；同时中国针对美国恶意提高关税所实施的惩罚性关税的影响，也随着该关税协议的签署而减弱。2017 年以来中国进出口贸易规模出现了新一轮的上涨，而随着中美贸易战的深入，这一增长前景的持续性堪忧。

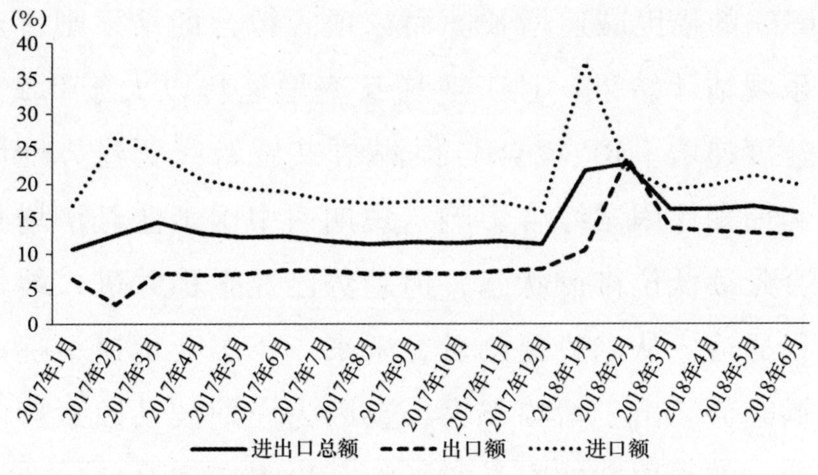

图 2－5 贸易同比增速（2017 年 1 月至 2018 年 6 月）

（二）下半年中国工业增速预算

为了将工业增长的长期趋势因素与周期（和不规则）因素进行分离，获得对不可观测的潜在因素的估计，对于单一时间序列的原始数据，或运用滑动平均方法，或运用频域估计方法，其中滤波方法有其独特的优点，既简单直观且容易实施，也可以避免生产函数法所带来的经济转型时期生产函数是否稳定的问题及多变量结构化分解法所带来的中国通常形式的菲利普斯曲线是否存在的问题。因此本部分对工业增速趋势预测便采用 HP 滤波方法和 BP 滤波方法。经过季节调整，两种 HP 滤波器的趋势值显示两种不同的结果：乐观的估计是工业增长率已经筑底，未来一段时间工业增加值增长率将维持 0.11% 的速度增长；悲观的估计是未来工业增加值增长率继续探底，且以每月

0.69%的幅度减速增长。而二项式拟合的结果则肯定了乐观估计结果，且工业增长率增速将以大于0.3%的速度递增。BP拟合与预测结果显示：受趋势性因素和周期性因素综合影响，短期内中国工业经济增长还会延续低位徘徊状态，但趋势已经企稳并进入缓慢上行通道。从趋势预测看，未来一年工业增速呈逐渐回调态势。由于增幅不大，会因为周期波动因素影响判断，如受周期性因素的影响，2018年7月，工业增速5.14%，但趋势预测值为6.53%；同样2018年11月，工业增长速度也有出现一个大幅回调的可能，但依旧是多个下滑周期叠加的结果；2018年8月工业增速将迎来未来一年的小高峰8.70%，同样是多个上升周期叠加的结果。

1. 数据来源和说明

本报告选择工业增加值同比增速数据作为工业增长的观测指标。数据来源于国家统计局网站，数据区间为2009年7月至2018年5月。工业增加值同比增速有以下特点：（1）该指标是按可比价计算得来，不受价格因素影响，不需要价格调整；（2）月度数据会随着季节变动做出有规律的变动，需要季节调整；（3）自2006年始缺失1月增速数据，需要对数据进行插值。本报告使用溯源法对数据进行插值，然后使用X12进行季节调整。

图2-6显示，HP滤波分离处理的季节性波动规律的特征是：（1）每年有4个周期，每个季度1个周期，季节波动性显著；（2）波峰出现较有规律，一般每隔3个月出现一次，分别出现在3月、6月、9月和12月；波谷则往往在2月、4月、8月、10月出现；（3）季节性因素对工业增加值的影响有逐年下降的趋势。

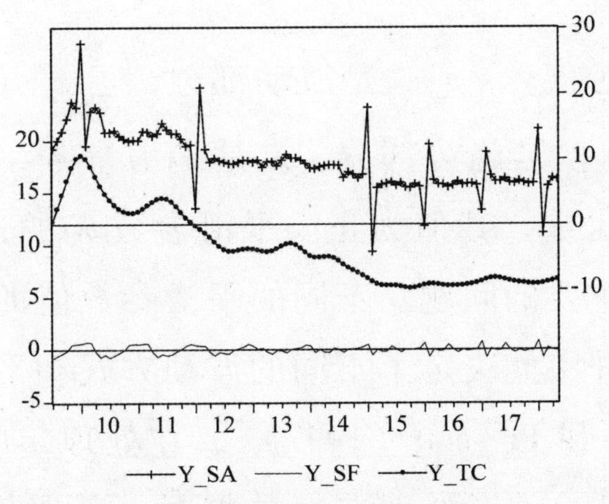

图2-6 插值后工业增长率原值、季节调整值和季节因素

2. HP滤波分离工业增长趋势成分和波动成分

HP滤波消除趋势法可以将经济运行看作潜在增长和短期波动的某种组合，运用计量技术将实际产出序列分解为趋势成分和周期成分，其中趋势成分便是潜在产出，周期成分为产出缺口或波动。对于工业运行增速来讲，其时间序列 y_t 由工业运行趋势部分 g_t 和工业运行波动部分 c_t 构成，即

$$y_t = g_t + c_t \quad t = 1, \ldots, T \tag{2-1}$$

Hodrick 和 Prescott（1997）① 利用对数的数据移动平均方法原理，设计了 HP 滤波器。该滤波器可以从时间序列 y_t 中得到一个平滑的序列 g_t，即趋势部分，且 g_t 是下述问题的解，即

$$\text{Min}\ \{\sum_{t=1}^{T}(y_t - g_t)^2 + \lambda\sum_{t=1}^{T}[(g_t - g_{t-1})(g_t - g_{t-2})]\} \tag{2-2}$$

其中 $\sum_{t=1}^{T}(y_t - g_t)^2$ 是波动部分，$\sum_{t=1}^{T}[(g_t - g_{t-1})(g_t - g_{t-2})]$ 是趋势部分，λ 是平滑参数，用于调节两部分的比重，其值为正。平滑参数 λ 的选取是 HP 滤波法最重要的问题。不同的平滑参数值即为不同的滤波器，并由此决定了不同的波动方式和平滑度，根据 Hodrick 和 Prescott（1997）②，在处理年度数据时，其取值为 100，当处理季度数据时，其取值为 1600，在处理月度数据时，其取值为 14400；根据 Ravn 和 Uhlig（2002）③，平滑参数值应该是观测数据频率的 4 次方，即年度数据应取 6.25，季度数据应取 1600，月

---

① Hodrick R. J. and Prescott E. C., 1997, "Postwar U. S. Business Cycles: An Empirical Investigation", *Journal of Money, Credit and Banking*, 29 (1): 1-16.

② Ibid..

③ Ravn M. O. and Uhlig H., 2002, "On Adjusting the Hodrick-Prescott Filter for the Frequency of Observations", *The Review of Economics and Statistics*, 84 (2): 371-376.

度数据应取 129600。这里选取以上两种滤波器，即 $\lambda = 14400$ 和 $\lambda = 129600$。应用平滑参数 $\lambda = 14400$ 和 $\lambda = 129600$ 两种 HP 滤波器（以下简称滤波器 1 和滤波器 2）对中国工业增加值增长率进行滤波，得到其中的趋势成分和波动成分，如图 2－7 所示。

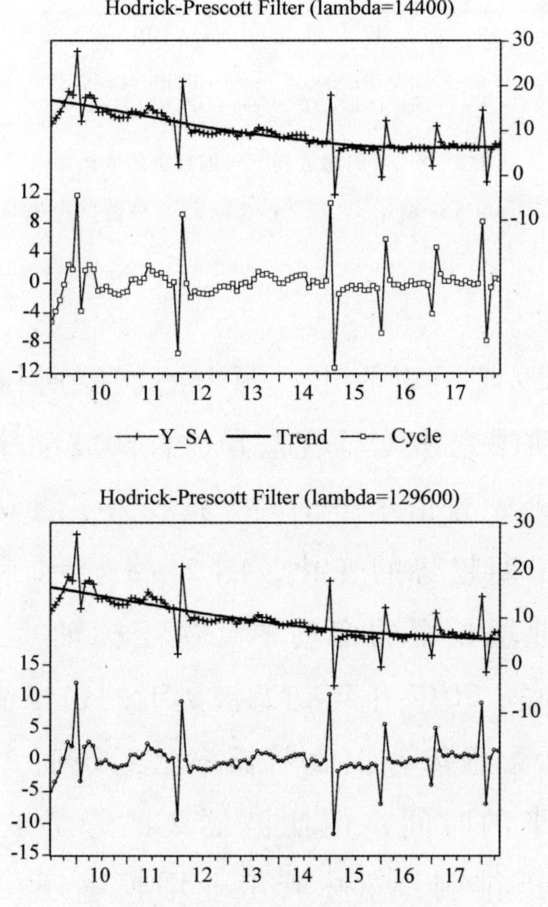

图 2－7　不同滤波器下的滤波结果

资料来源：Eviews 5.0 输出结果。

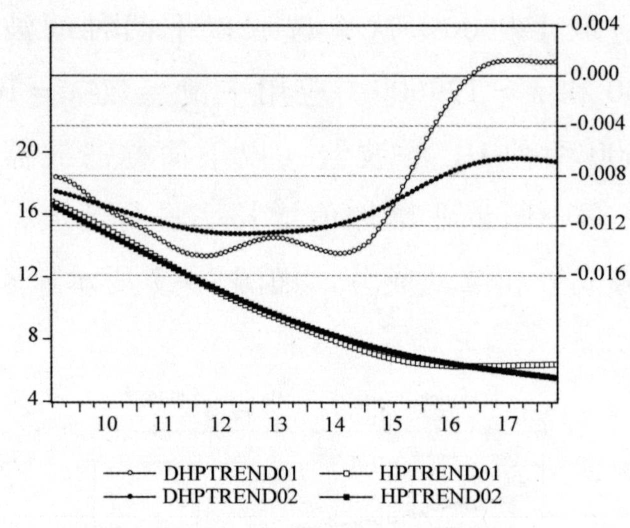

图 2-8　不同滤波器下长期趋势的变化率

资料来源：Eviews 5.0 输出结果；主坐标为趋势值；次坐标为趋势值的变动率。

由图 2-7 可以看出，两个滤波器所得到的趋势序列和波动序列并无显著差异，且两波动序列无差异都通过了 95% 置信水平的 t 检验。为了直观地观察工业增长率长期趋势的变化，图 2-8 显示了 2009 年 7 月以来工业增长率的变动率（次坐标轴）。图中显示 2016 年年底、2017 年年初滤波器 1 的趋势值变动率由负值变为 0，意味着工业增长率已经筑底，已经持续了近一年半的时间；但滤波器 2 的趋势变动率依旧在 -0.06 下徘徊，意味着工业增长率还在持续探底中，且以每月 6% 的速度下降，不过降幅已经收窄，收窄的时间也在 2016 年年底、2017 年年初。因此，乐观估计工业增长率已经筑底，未来一段时间工业增加值将以 0.11% 的速度增长；悲观的可能是未来工业增加值继续探底，且以每月 0.69% 的幅度减速增长。

3. BP 滤波建立工业增长时间趋势模型和周期波动模型

不同于基于损失最小原则建立的 HP 滤波，BP 滤波是基于谱分析建立的，谱分析的实质是将时间序列分解成不同的周期波动之和，这为建立周期波动模型打下基础。决定近似理想 BP 滤波优劣的关键是选取合适的截断点 N。如果 N 值过大，那么序列两端的数据就会有大量的缺失，如果 N 值过小，就会过多剔除本应保留的成分。根据不出现频谱泄露和摆动的原则，选择最低周期是 3，最高周期是 8，截断点为 3。结合中国工业运行增速可以得到频率响应函数图（见图 2－9）。一次完整的周期波动可以从一个波峰到另一个波峰，而大的波动周期中往往嵌套着小的周期。图 2－9 显示样本期间有三个大的周期，分别是 2010 年 1 月至 2011 年 6 月、2011 年 6 月至 2015 年 1 月、2015 年 1 月至 2018 年 1 月；周期中又嵌套若干大小不一的小周期。本报告将使用功率谱将显著的周期区间识别出来，这样做之前，首先需将趋势分离出去。

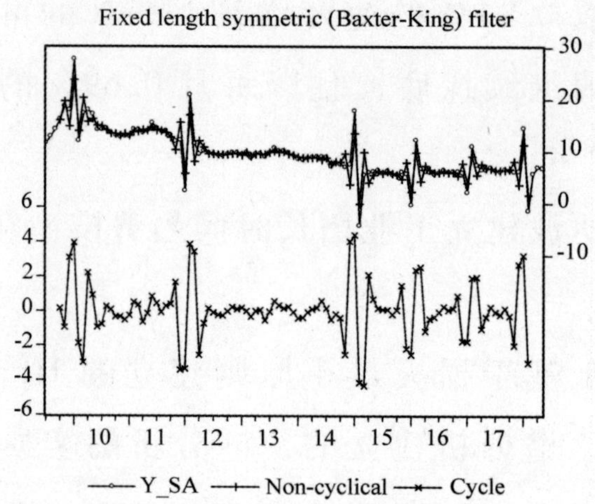

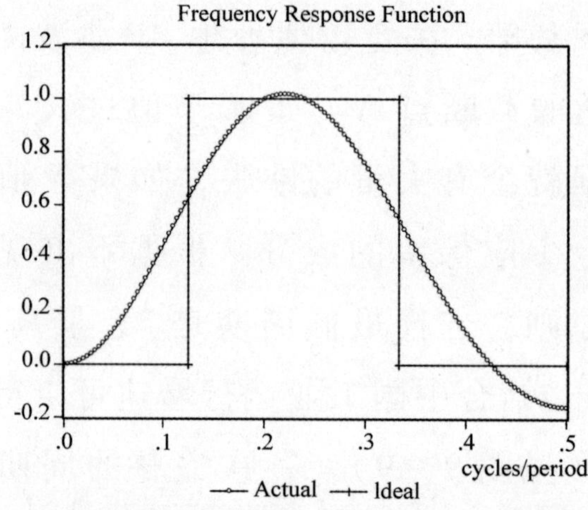

图 2－9　BP 滤波的频率响应函数（2009 年 7 月至 2018 年 5 月）

资料来源：Eviews 输出结果。

（1）趋势预测

本部分使用趋势多项式函数拟合时间序列分离趋势项。建立工业增长时间趋势序列与时间 t 的趋势多项式函数如下：

$$\hat{y} = \alpha_0 + \alpha_1 t + \alpha_2 t^2 + \alpha_3 t^3 ... \alpha_n t^n$$

$$\hat{y}=\alpha_0+\alpha_1 t+\alpha_2 t^2+\alpha_3 t^3...\alpha_n t^n，t=1，2，3... n=1，2，3，... \quad (2-3)$$

将 2009 年 7 月设为 $t=1$，将 t 与工业增长率代入以上函数得到工业增长时间趋势函数如表 2－2 所示。

表 2－2　　多项式回归结果

	截距项	t	t^2	R^2	DW
EQ01	15.4821 (24.9044)	－0.1066 (－10.6673)		0.5201	2.1902
EQ02	17.8006 (19.8090)	－0.2342 (－6.0981)	0.0012 (3.4297)	0.5689	2.4387

资料来源：根据 Eviews 输出结果整理得来。

权衡拟合优度和 DW 值，本报告选择 EQ02 作为工业增长率的拟合方程式：

$$\hat{y}=17.8006-0.2342t+0.0012t^2 \quad (2-4)$$

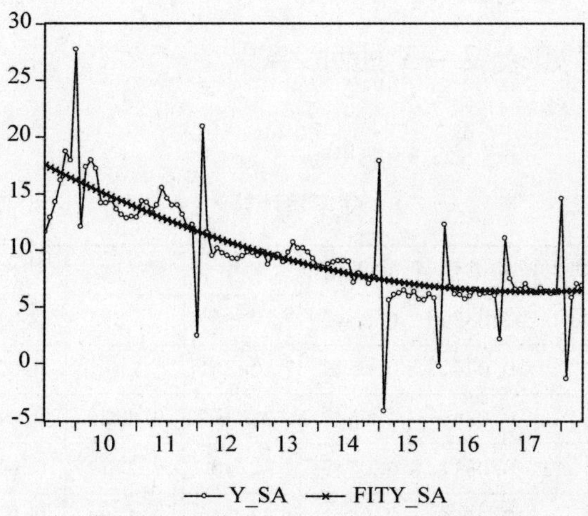

图 2－10　多项式拟合结果与原值的比较

图 2-10 显示，拟合方程基本拟合了工业增长率的变动趋势。拟合方程显示，2009 年以来工业增长一直处于下行通道；2017 年年底开始工业增长缓慢企稳回升，2018 年工业增长稳步进入“上行”通道，从趋势来看，2018 年下半年工业增长速度将继续缓慢提高。

（2）周期预测

用工业增长率实际值减去趋势值得到波动序列值，其满足 BP 滤波的一般表达式如下，通过此表达式的求解可得波动序列的主要特性（每个频率的波谱）。

$$X_t = A_0 + 2\sum_m [A_m \cos(2\pi mt/N) + B_m \sin(2\pi mt/N)] \quad (2-5)$$

其中，N 表示样本容量，频率被定义为样本容量的倒数，当 $N = 2_n$ 时，m = 1，2…，n，当 $N = 2_n - 1$ 时，m = 1，2…，n - 1。由此可得到 A_m^2 和 B_m 的具体计算式并将频谱定义为 $N(A_m^2 + B_m^2)$。结合 Matlab 软件运算得到如表 2-3 所示结果。

表 2-3 功率谱计算

频率	周期	功率谱	临界值	频度	周期	功率谱	临界值
0	7200	0.0339	0.0542	19/36	3.7895	0.0345	0.0542
1/36	72	0.0740	0.0542	20/36	3.6	0.0225	0.0542
2/36	36	0.0766	0.0542	21/36	3.4286	0.0104	0.0542
3/36	24	0.0811	0.0542	22/36	3.2727	0.0004	0.0542
4/36	18	0.0756	0.0542	23/36	3.1304	0.0158	0.0542

续表

频率	周期	功率谱	临界值	频度	周期	功率谱	临界值
5/36	14.4	0.0541	0.0542	24/36	3	0.0121	0.0542
6/36	12	0.0648	0.0542	25/36	2.88	-0.0103	0.0542
7/36	10.2857	0.0664	0.0542	26/36	2.7692	-0.0127	0.0542
8/36	9	0.0646	0.0542	27/36	2.6667	-0.0225	0.0542
9/36	8	0.0526	0.0542	28/36	2.5714	-0.0276	0.0542
10/36	7.2	0.0535	0.0542	29/36	2.4828	-0.0124	0.0542
11/36	6.5455	0.0527	0.0542	30/36	2.4	-0.0250	0.0542
12/36	6	0.0598	0.0542	31/36	2.3226	-0.0428	0.0542
13/36	5.5385	0.0531	0.0542	32/36	2.25	-0.0406	0.0542
14/36	5.1429	0.0524	0.0542	33/36	2.1818	-0.0500	0.0542
15/36	4.8	0.0525	0.0542	34/36	2.1176	-0.0406	0.0542
16/36	4.5	0.0417	0.0542	35/36	2.0571	-0.0216	0.0542
17/36	4.2353	0.0472	0.0542	1	2	-0.0203	0.0542
18/36	4	0.0528	0.0542				

资料来源：利用 Matlab 软件计算而得。

功率谱较高值所对应的频率是确定波动成分主要周期分量的重要标志，表 2-3 的结果显示，在周期为 72、36、24、18、12、10.29、9 和 6 时，波动序列的谱密度有相对较大的振幅，且拒绝了 95% 的置信区间中波动成分为白噪声的原假设。因此，可以认为波动成分是由这 8 个周期分量叠加而成的，根据波动序列所呈现出来的正弦和余弦形式，本报告采用傅立叶函数来对波动序列进行拟合，并由所得到的主要周期分量，将函数形式设定为：

$$c_t = c + \sum_{i=1}^{8} \alpha_i \cos\left(\frac{2\pi}{T_i}t\right) + \sum_{i=1}^{8} b_i \cos\left(\frac{2\pi}{T_i}t\right) \quad (2-6)$$

其中，T_i 是所选择出来的 8 个周期分量。利用 Matlab 软件的 cftool 工具箱对原波动序列进行 Fourier 函数拟合，得到拟合函数系数如表 2－4 所示。

表 2－4　　Fourier 函数拟合结果

	系数	95% 的置信区间
a0	－0.04519	（－0.5962—0.5058）
a1	0.1927	（－0.5897—0.9752）
b1	－0.2598	（－1.036—0.5164）
a2	0.1609	（－0.6153—0.937）
b2	0.3108	（－0.472—1.094）
a3	－0.009051	（－0.8069—0.7888）
b3	0.9215	（0.1281—1.715）
a4	－0.6036	（－1.391—0.1843）
b4	0.3275	（－0.472—1.127）
a5	0.9977	（0.191—1.804）
b5	－0.5306	（－1.313—0.2519）
a6	0.7918	（－0.01179—1.595）
b6	0.2532	（－0.5339—1.04）
a7	0.04817	（－0.7483—0.8446）
b7	0.3231	（－0.4704—1.117）
a8	－0.321	（－1.111—0.4692）
b8	0.7897	（－0.006443—1.586）
w	17.46	（17.39—17.53）

资料来源：根据 matlab 拟合结果整理所得。

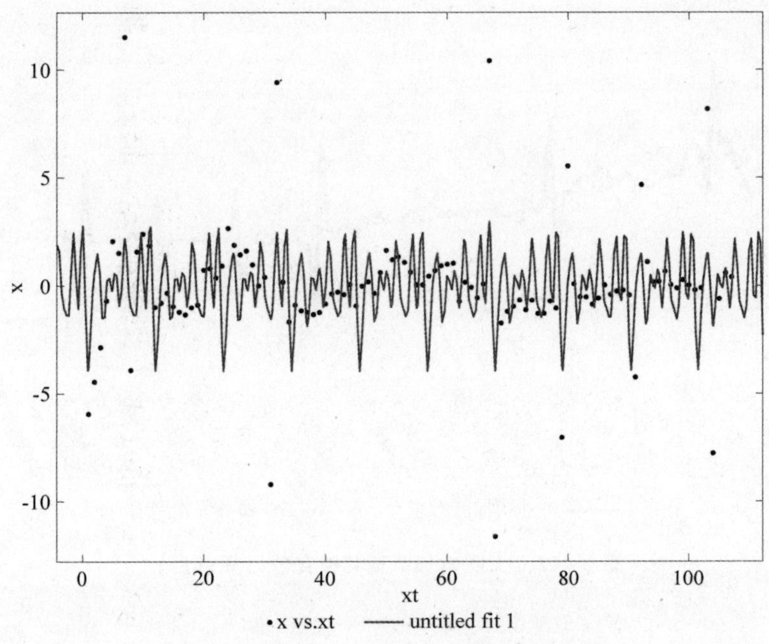

图 2－11　波动序列和其拟合值

资料来源：Matlab 输出结果。

图 2－11 是波动序列和拟合序列的对比图，可以看出，拟合函数与波动序列的变动趋势基本一致，模型的相关系数的拟合优度为 0.24，且拟合函数所对应的数值通过显著性检验，说明 BP 滤波的 Fourier 模型适用于该波动序列的拟合预测。

4. 中国工业运行趋势

结合以上时间趋势模型和周期波动模型，拟合工业增长率如图 2－12 所示，除了 1 月和 2 月由于节假日造成的工业增加率大幅波动外，拟合值基本拟合了工业增长率的变动轨迹。

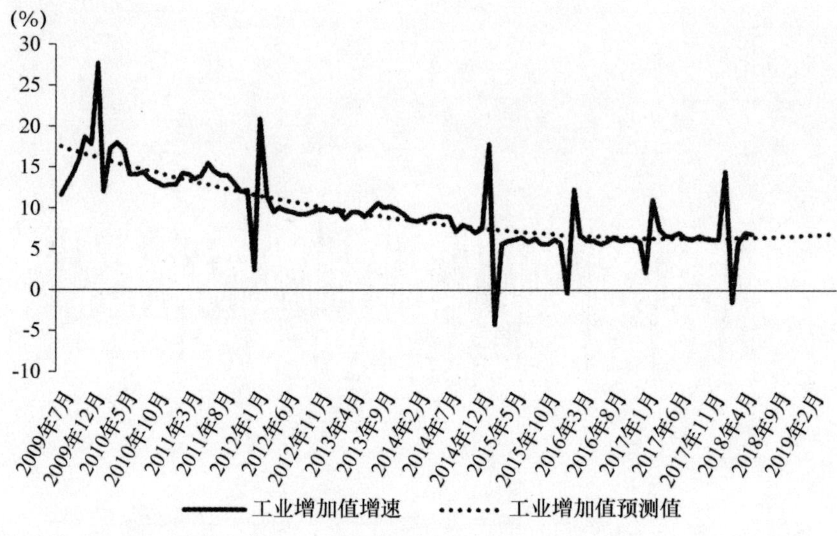

图 2－12　工业增长率及其拟合值（季调后）

据此模型来预测中国未来一年的工业运行同比增速（见图 2－12 和表 2－5）。

表 2－5　　工业同比增速预测值

	波动预测值	趋势预测值	工业增长率预测值
2018 年 1 月	1. 4817	6. 4088	7. 8905
2018 年 2 月	－1. 8805	6. 4230	4. 5425
2018 年 3 月	0. 3361	6. 4396	6. 7757
2018 年 4 月	0. 7859	6. 4586	7. 2445
2018 年 5 月	－0. 1588	6. 4800	6. 3212
2018 年 6 月	0. 4232	6. 5038	6. 9270
2018 年 7 月	－1. 3900	6. 5300	5. 1400
2018 年 8 月	2. 1410	6. 5586	8. 6996
2018 年 9 月	－0. 9846	6. 5896	5. 6050
2018 年 10 月	0. 9517	6. 6230	7. 5747
2018 年 11 月	－2. 2820	6. 6588	4. 3768

续表

	波动预测值	趋势预测值	工业增长率预测值
2018 年 12 月	1.2897	6.6970	7.9867
2019 年 1 月	-1.6387	6.7376	5.0989
2019 年 2 月	0.5576	6.7806	7.3382
2019 年 3 月	0.6491	6.8260	7.4751
2019 年 4 月	-0.8369	6.8738	6.0369
2019 年 5 月	1.2981	6.9240	8.2221
2019 年 6 月	-1.1928	6.9766	5.7838

资料来源：根据所建模型测算。

如表 2-5 所示，受趋势性因素和周期性因素综合影响，短期内中国工业经济增长还会延续低位徘徊状态，但趋势已经企稳并进入缓慢上行通道。从趋势预测看，未来一年工业增速呈逐渐回调态势。由于增幅不大，会因为周期波动因素影响判断，如受周期性因素的影响，2018 年 7 月，工业增速 5.14%，但趋势预测值为 6.53%；2018 年 11 月，工业增长速度也有出现一个大幅回调的可能，但依旧是多个下滑周期叠加的结果；2018 年 8 月，工业增速将迎来未来一年的小高峰 8.70%，同样是多个上升周期叠加的结果。

三　中国工业运行政策建议

在当前经济形势下，我们一方面要肯定改革开放40年来中国工业特别是制造业在各领域发展所取得的成就，满怀信心，另一方面也应当客观看待中国工业特别是制造业目前在全球价值链中所处的位置。国家更要坚持战略定力，坚定不移地推动新一轮改革开放；坚持自主创新，质量优先，强化制造业的支柱地位，不断向制造业强国迈进。

1. 强化工业特别是制造业支柱地位

制造业强国德国和日本注重突出制造业支柱地位，其制造业占GDP比重始终处于各行业之首。德国顶住了“去工业化”浪潮，坚持高端与专业化发展，保持了制造业强国地位，制造业占比近20年一直保持在22%左右；日本制造业占比也在20%左右。国际金融危机后，发达国家纷纷重返制造业，例如美国和英国先后提出“美国再工业化战略”和“英国工业

2050战略”，但是制造业占比提升效果不显著，2016年美国和英国制造业占比分别为11.6%和10.0%。中国2000—2010年工业占比大致为40%—42%（制造业的占比更小），从2011年开始逐年下降，大约每年下降1个百分点，2016年工业占GDP的比重为33.3%。发达国家是在实现工业化后，工业所占比重才开始下降的，而中国要到2020年才能基本实现工业化。工业在现代社会经济发展中具有举足重轻的主导作用，未来一段时间工业仍将是中国经济增长最重要的产业，所以我们要强化工业特别是制造业的支柱地位，加快推动中国从“工业大国”向“工业强国”的转变。

2. 塑造高成本时代制造业竞争新优势

受“显性成本”与“隐性成本”的双重挤压，成本高企不仅影响了制造业企业的运行效率、盈利能力及偿债能力，而且严重影响制造业可持续发展的能力。如何塑造高成本时代制造业竞争新优势，显得尤为重要。

优化营商环境，激发创新创业活力。优化营商环境不仅是当前政府改革的一个着力点，也是经济发展最大的潜力所在。应通过政府自身改革，为实体经济减压、轻负、松绑，削减制度成本，营造稳定透明的政策环境，提供高效规范的行政环境和公平竞争的市场环境，激发市场主体和各类企业的发展活力。

推进自主创新，解决核心技术短板。习近平总书记指出，核心技术靠化缘是要不来的，也是买不来的。要解决制造业核心技术领域的短板，需要立足自主创新、自立自强，在关键领域和卡脖子的地方下功夫，加强原始创新、集成创新和引进消化吸收再创新，不断取得基础性、战略性、原创性的重大成果。

质量效率并重，全方位提升企业发展。当前，世界制造业呈现生产方式数字化智能化，发展模式绿色化服务化，内部组织扁平化和资源配置全球化发展趋势。塑造高成本时代制造业竞争新优势，制造业企业除关注生产制造之外，还应推进企业的全面提升：一是提升产品质量和品质，促进企业向产品多元化和管理精细化发展；二是提升制造业服务化和全球化，拓展盈利渠道和利润增长空间；三是提升创新能力和设计能力，实现从低端环节逐步扩展到高端环节的全产业链竞争。

实施互联网战略，提升企业竞争力。互联网思维下的企业转型升级，催生了制造业新业态的产生，成为当前制造业发展的亮点。一是要充分认识互联网的用户思维，注重产品的个性化，加强企业的定制化服务；二是实现企业生产智能化，提高创新效率和生产效率，最大限度缩减生产成本；三是推动营销网络化，充分利用网络提高用户群体数量，形成长效市场；四是推进企业管理扁平化，增强团队的灵活性与机动性，压缩创新和管理冗余环节，实现企业资源的最大效用。

3. 增强投资意愿，协调地区发展

无论是加快发展新兴产业，还是加快传统产业的改造升级，都离不开投资。无论是国民经济、行业，还是企业，要补齐短板、消除瓶颈，仍然需要投资来支撑。而房地产快速上涨和金融市场异常繁荣形成对民间资本的分流。WIND 数据显示，制造业销售净利率已经由 2008 年的 3.5% 上升至 2017 年的 6.4%，平均为 4.9%，而同期金融业销售净利率稳定在 31.0%—32.0%，是制造业的 6 倍多，房地产虽然没有金融业销售净利率高，但也达到了 13.2% 的平均水平，是制造业的 2.7 倍。

我们应破解制约民间投资的体制机制障碍，提振民间投资信心，释放民营制造业的活力。一是营造有利于创新发展的政策环境和社会环境，通过政府自身改革，为实体经济减压、轻负、松绑，削减制度成本，营造稳定透明的政策环境，提供高效规范的行政环境和公平竞争的市场环境，提振民间资本实业报国的信心。二是以改革创新的精神，深入推进垄断行业改革，放宽市场准入，切实为民间投资拓展发展空间。三是努力破解融资难题，发挥各类金融机构的优势，发展和丰富循环贷款等金融产品，加快建设普惠金融体系，完善民营企业信用评级制度，优化授信管理和服务流程，为民间资本提供多样化融资服务。四是加强统筹协调，推动民间投资健康发展。当前，中国工业经济地区发展不平衡问题较为突出。在增强民营资本投资意愿的同时，也要关注工业投资地区偏好加剧区域经济发展不平衡的问题，中国31个省（市、区）的设备工器具购置类固定资产投资增速离散系数已由2016年的3.8上升至2017年的4.5。我们应围绕经济运行态势和宏观政策取向，推动民间投资健康发展。

附录一

着力建设符合现代化经济体系要求的市场体系*

黄群慧

一个国家的经济体系是一个复杂的经济系统，在市场经济条件下，市场体系在这个系统中占有十分重要的地位。党的十九大报告强调，建设现代化经济体系是跨越关口的迫切要求和我国发展的战略目标。在这一过程中，我们必须着力建设符合现代化经济体系要求的市场体系。统一开放、公平竞争是现代化经济体系对市场体系的基本要求，建设现代化经济体系需要从法制层面保障市场体系的统一开放和公平竞争。

---

* 原文载《经济日报》2018 年 7 月 6 日。

（一）现代化经济体系是适应全面建设社会主义现代化强国要求的经济体系，是国民经济各个环节、各个层面、各个领域协调统一的复杂系统

党的十九大报告提出，决胜全面建成小康社会，开启全面建设社会主义现代化国家新征程。从全面建成小康社会到基本实现现代化，再到全面建成社会主义现代化强国，是新时代中国特色社会主义发展的战略安排。要实现这个宏伟目标，必须牢牢把握经济建设这个中心，建设一个与实现这个目标要求相适应的经济体系，这就是现代化经济体系。

现代化经济体系，是由社会经济活动各个环节、各个层面、各个领域的相互关系和内在联系构成的一个有机整体，包括创新引领、协同发展的产业体系，统一开放、竞争有序的市场体系，体现效率、促进公平的收入分配体系，彰显优势、协调联动的城乡区域发展体系，资源节约、环境友好的绿色发展体系，多元平衡、安全高效的全面开放体系，以及充分发挥市场作用、更好发挥政府作用的经济体制七个方面的内容。可以看出，这七个方面的内容涉及国民经济的生产、交换、分配、消费各个环节，国际与国内、政府与市场以及产业、区域和企业各个层面，实体经济与虚拟经济、科技创新与环境保

护等各个领域。可以说，现代化经济体系是国民经济活动各个环节、各个层面、各个领域协同统一的复杂经济系统。

从系统论角度分析，现代化经济体系这个复杂经济系统，可以从系统的成长动力、要素结构、运行机制、系统环境、发展目标五个方面刻画。从系统的成长动力看，现代化经济体系以创新作为经济增长的驱动力，经济增长的源泉是依靠创新带动全要素生产率提升，以全要素生产率提升驱动产业体系和区域体系的发展；从系统要素结构看，现代化经济体系具有高端要素集聚和主导的特征，而且其劳动力、资本和技术等各个生产要素以及各个产业、区域、城乡子系统呈现结构协调性；从系统的运行机制看，现代化经济体系具有高效配置资源的成熟的市场化体制机制，体系内各类市场主体公平竞争、具有活力，政府宏观调控科学有度；从系统环境看，现代化经济体系面临的是全方面开放的、高度不确定性的国际化市场环境，这要求经济体系也必须具有动态开放特征，从而对市场环境具有很好的适应性；从系统发展目标看，现代化经济体系强调高质量发展，保证国民经济实现既具有创新力和竞争力，又具有绿色可持续性和社会包容性的发展。

（二）完善的市场经济体制是现代化经济体系运行的基础保障，建设现代化经济体系必然要求建设统一开放、公平竞争的市场体系

现代化与市场化是紧密相关的。对于一个国家而言，没有高度的市场化水平和成熟的市场经济体制，也就没有真正意义的经济现代化和现代化强国。应该说，现代化经济体系是以成熟的市场经济体制为基础的。市场经济体制要求有发达完善的产品市场和要素市场，各类产品市场和要素市场统一构成了市场体系。综合来看，成熟的市场经济体制要求市场体系具有统一健全、对外开放、公平竞争、规范有序等重要特征。所谓统一健全，是指市场在构成上是健全的、在空间上是统一的，不存在行政区域分割和限制自由流动等问题；所谓对外开放，是指市场体系在国与国之间是非封闭的，对国外商品和要素进入和流出都不具有壁垒和障碍；所谓公平竞争，是指市场体系运行中各种经济主体地位是平等的，在机会、程序等方面是公平的；所谓规范有序，是指市场体系竞争活动具有有序性和规范性，存在有效防止各类垄断和不正当竞争行为的规则。因此，概括而言，符合现代化经济体系要求的市场体系应该具有统一开放、公平竞争的特征。

统一开放、公平竞争的市场体系对于建设现代化经济体系具有重要意义。具体来看，统一开放、公平竞争的市场体系有利于形成具有市场导向、重视知识产权保护的技术创新体系，从而在提高产业体系创新性、协调性方面发挥积极促进作用；作为交换环节的市场体系具有统一开放、公平竞争的特征，又有利于作为分配环节的收入分配体系体现效率、促进公平；统一开放、公平竞争的市场体系还有利于生产要素在城乡之间、各个区域之间流动，从而最大限度地促进各个区域发挥比较优势、有效分工，提高要素的配置效率，促进彰显优势、协调联动的城乡区域发展体系建设；公平竞争、规范有序的市场体系，有利于避免不正当竞争行为，使高污染、高能耗、生产方式不符合环保标准的企业退出市场，有利于促进资源节约、环境友好的绿色发展体系建设；开放的市场体系，推动了中国企业“走出去”，也是“一带一路”建设所必需的，是多元平衡、安全高效的全面开放体系建设的重要内涵。

因此，建设现代化经济体系要着力推进统一开放、公平竞争的市场体系建设，实现市场准入畅通、市场开放有序、市场竞争充分、市场秩序规范，加快形成企业自主经营公平竞争、消费者自由选择自主消费、商品和要素自由流动平等交换的现代市场体系。

（三）推进统一开放、公平竞争的市场体系建设要深化商事制度改革、强化市场法治，尤其要不断完善反不正当竞争和反垄断的立法和执法工作

改革开放以来，中国在建设社会主义市场经济体制方面，已经取得了巨大进展，但是中国的社会主义市场经济体制仍存在不完善、不成熟的地方，市场体系还需要进一步实现统一开放和公平竞争。例如，产权制度还有待进一步完善，有效的要素市场化配置机制尚未完全形成，等等。党的十九大报告指出，加快完善社会主义市场经济体制。经济体制改革必须以完善产权制度和要素市场化配置为重点，实现产权有效激励、要素自由流动、价格反应灵活、竞争公平有序、企业优胜劣汰。这要求，在完善产权制度方面，要坚持公有制为主体、多种所有制经济共同发展的基本经济制度，按照党的十八届三中全会提出的要求，“国家保护各种所有制经济产权和合法利益，保证各种所有制经济依法平等使用生产要素、公开公平公正参与市场竞争、同等受到法律保护，依法监管各种所有制经济”。而在完善要素市场化配置方面，要加大要素市场建设和市场化改革力度，形成完善的现代要素市场体系和市场化的要素价格形成机制，放宽服务业准入限制，不断完善要素市场准入和退出机制，实现各种要素在全国范围的自由流

动和充分竞争。

关于建设现代市场体系，党的十九大报告提出“全面实施市场准入负面清单制度，清理废除妨碍统一市场和公平竞争的各种规定和做法”“深化商事制度改革，打破行政性垄断”等一系列重大要求。要积极贯彻落实这些重大要求，一方面，应该从“放”“管”“服”三方面推进商事制度改革向深度广度拓展，着力优化营商环境，改革市场准入制度，破除不合理的条条框框，提高市场主体登记管理的信息化、便利化、规范化水平；另一方面，应该进一步完善商事法律的立法和执行工作。实际上，在现代化法治国家中，商事制度的调整主要是通过商法的制定和实施来完成的。因此，从建设符合现代化经济体系要求的市场体系角度看，通过法治工作来保证市场体系的统一开放、公平竞争尤为重要。在众多相关法律中，《中华人民共和国反不正当竞争法》和《中华人民共和国反垄断法》对于排除妨害竞争的不正当行为、建立公平的市场秩序、保护消费者和企业的正当利益具有重要的意义。今年是《中华人民共和国反垄断法》实施 10 周年。应该说《中华人民共和国反不正当竞争法》和《中华人民共和国反垄断法》的实施，对中国市场体系的建设工作具有重要的意义，也取得了重大成就。但是从建设符合现代化经济体系要求的市场体系来看，我们仍需要在建立健全相关法律法规上继续下功夫。

强化建设统一开放、公平竞争市场体系的法治工作，更重要的是法律法规的实施，尤其是反不正当竞争和反垄断的执法工作。需要强调的是，党的十八大以来所出台的几个文件，对于反不正当竞争和反垄断执法、打破行政垄断、建设公平竞争的市场体系具有重要意义，一定要认真贯彻执行。一是 2015 年 10 月《中共中央国务院关于推进价格机制改革的若干意见》（中发〔2015〕28 号）发布，明确提出，加强市场价格监管和反垄断执法，逐步确立竞争政策的基础性地位，加快建立竞争政策与产业、投资等政策的协调机制，实施公平竞争审查制度，促进统一开放、竞争有序的市场体系建设。这就确立了竞争政策的基础地位，要求产业政策要与竞争政策协调，促进竞争政策基础地位的逐步实现。二是 2016 年 6 月发布的《国务院关于在市场体系建设中建立公平竞争审查制度的意见》（国发〔2016〕34 号），要求建立公平竞争审查制度，规范政府有关行为，防止出台排除、限制竞争的政策措施，逐步清理废除妨碍全国统一市场和公平竞争的规定和做法。2017 年 10 月《公平竞争审查制度实施细则（暂行）》出台，进一步对公平竞争审查的机制、程序、标准和例外情况进行了明确和规定，使得公平竞争审查更具有操作性。可以说，不折不扣地落实公平竞争审查制度，是当前克服行政性垄断的最有效措施之一。今后，一定要从落实党的十九大精神、建设现代化经济体系的高度认识这些工作的重要意义，积极建设符合现代化经济体系要求的市场体系。

附录二

从三个层面提高实体经济供给质量*

黄群慧

制造业是实体经济的核心部分，工业是实体经济的主体部分。党的十八大以来，中国实体经济发展取得了巨大成就，已经成为世界性实体经济大国，且地位不断加强。但是，中国还不是一个世界性实体经济强国，实体经济发展“大而不强”的问题突出。虽然具有庞大的实体经济供给数量，但供给质量不高，无法满足消费结构转型升级的需要，还存在实体经济发展不平衡、不充分的问题，实体经济发展面临着从大到强转变的重大任务。为此，需要深化实体经济供给

* 原文载《经济日报》2018 年 2 月 22 日。

侧结构性改革，提升实体经济供给质量。当前和今后一个时期，可以从产业、企业和产品三个层面入手，提高实体经济供给质量，促进实体经济从大到强的转变。

（一）在产业层面，协调发挥竞争政策与产业政策作用，切实加强公共服务体系建设，促进实体经济产业结构高级化

从产业层面看，提高实体经济供给质量意味着促进实体经济转型升级适应消费升级的需要，不断提升产业结构的高级化水平，提高产业通过技术创新持续成长的能力。创新能力不强、低端产能过剩、高端产业不够和产业价值链高端环节占有不足是当前中国实体经济供给质量问题的突出表现。破解这一难题，可以从两方面发力。

一方面，要协调竞争政策和产业政策，发挥竞争政策的基础作用和更好地发挥产业政策促进产业结构高级化作用。工作着力点应该更多地放在培育科技创新生态系统上，放在培育有利于创新发展的公平市场竞争环境上，注意促进战略性新兴产业发展与传统产业升级改造相结合，促进传统制造业与互联网的深度融合，促进中国经济新旧动能平稳接续和快速转换。另一方面，要切实加强公共服务体系建设，提高实体

经济各行业共性技术服务、共性质量服务水平。当前，中国科技创新公共服务体系存在体系不完全、链条割裂和效率不高等问题，亟待通过科技体制改革来加强技术创新的公共服务建设。提高共性质量服务水平的关键是加强和提升国家质量基础设施的建设和管理，这具体包括计量、标准、认证认可、检验检测等方面的内容。

（二）在企业层面，积极处置"僵尸企业"与大力培育世界一流企业结合，完善企业创新发展环境，提高实体经济企业的整体素质

当前，中国实体经济供给质量表现在企业层面的主要问题是，存在大量的"僵尸企业"，优质企业数量不够，尤其是世界一流企业还很少，等等。自从改革开放以后，中国企业的整体实力和综合竞争力实现了快速提升，在全球范围内的影响力也得到了进一步增强。从资产规模、销售收入等规模指标看，已经涌现出了一批大型企业集团。根据美国《财富》杂志发布的2017年世界500强企业名单，中国上榜企业达到115家，仅次于美国。但是，我国企业更多的是规模指标占优，而在创新能力、品牌、商业模式、国际化程度等方面存在明显的短板和不足，从资产收益率、企业利润和人均利润等指标看，中国上榜企业还与欧

美国家的世界500强存在明显差距。这表明中国还缺少真正的世界一流企业。另外，近些年来，受经济增长放缓、产能过剩问题加剧、市场需求疲软的影响，许多企业的经营状况持续恶化而市场又不能自动出清，形成了众多的“僵尸企业”。当前和今后一个时期，要解决当前中国企业素质结构还不适应需求结构的变化问题，就要加大力度处置“僵尸企业”，降低实体经济企业成本，深化国有企业改革，完善企业创新发展环境，培育世界一流企业，从企业层面切实提高实体经济供给质量。

（三）在产品层面，激发企业家精神与培育现代工匠精神相结合，强化技术创新管理和全面质量管理，提升产品附加值和产品质量

从产品层面看，要提高中国实体经济供给质量，就要增加高品质、个性化、高复杂性、高附加值的产品供给，进而提升产品适应消费结构升级变化的能力。当前，中国实体经济的产品总体供给质量还有待提升，产品档次偏低，标准水平和可靠性不高，产品总体处于价值链的中低端，附加值较低，缺乏世界知名品牌。围绕提升产品供给质量，企业必须持续推进技术创新和管理创新，坚持激发企业家精神与培育现代工匠精神相结合，强化技术创新管理和全面质量管

理，为提高产品附加值和产品质量奠定制度基础、技术基础和文化基础。需要注意的是，提高产品供给质量，既要有一大批具有创新精神、专注实体经济发展的企业家，也要有一大批精益求精、不断创新工艺、改进产品质量的现代产业工人。当务之急要建立和完善有利于企业家创新和现代产业工人精益求精的制度设计，这既包括保护知识产权、促进公平竞争等能够激励企业家将精力和资源集中到实体经济创新发展上的体制机制，又包括职业培训体系、薪酬和奖励制度等方面的激励现代产业工人精益求精、专心致志的制度体系。通过激励制度体系的建立完善，逐步引导行为习惯，最后形成超越制度的体现为企业家精神和工匠精神的行为准则和价值观念。只有一批具有创新精神、专注实体经济发展的企业家，以及大批精益求精、不断创新工业改进产品质量的现代产业工人，中国才能制造出更多高附加值、高质量的产品，创造出更多世界著名品牌，从而提高产品供给质量。

附录三

推动中国制造业高质量发展*

黄群慧

党的十九大报告提出，“加快建设制造强国，加快发展先进制造业”。这既是深化供给侧结构性改革、推动经济高质量发展的重要内容，也是全面建设社会主义现代化强国的客观要求。要推进中国制造向中国创造转变、中国速度向中国质量转变、制造大国向制造强国转变，关键是推动制造业高质量发展。

（一）中国已成为世界制造业第一大国，但大而不强的问题仍然突出

改革开放以来，中国经济长期保持较快发展，取

* 原文载《人民日报》2018 年 8 月 17 日。

得了举世瞩目的发展成就。从 1978 年到 2016 年，中国年均经济增速达到 9.6%，第二产业增加值年均增速更是高达 10.9%。随着工业化快速推进，中国制造业规模不断扩大，已成为名副其实的世界工厂和世界制造业第一大国。

改革开放以来中国制造业快速发展的奇迹充分证明，坚持中国共产党领导，不断解放思想、深化改革开放，是中国取得巨大发展成就的最主要经验。改革与开放双轮驱动，以对外开放促进深化改革，以深化改革提高对外开放水平，构成了中国制造业发展由内到外的全面动力机制。实际上，从中国各产业的市场化水平和对外开放水平来看，制造业一直是起步最早、市场化程度和对外开放水平最高的产业和领域。截至 2017 年，在制造业 31 个大类、179 个中类和 609 个小类中，完全对外资开放的产业和领域有 22 个大类、167 个中类和 585 个小类，分别占 71.0%、93.3%、96.1%。这充分体现了中国制造业较高的对外开放水平和市场化程度。可以说，改革开放是中国制造业发展的强大动力，它加速了中国制造业发展的市场化进程，顺应了制造业全球价值链分工与合作大趋势，为中国加快建设制造强国、加快发展先进制造业奠定了雄厚物质基础。

在充分认识改革开放 40 年来中国制造业发展取

得巨大成就的同时也必须看到，尽管中国是世界制造大国，但从制造业增加值率、劳动生产率、创新能力、拥有的核心技术、关键零部件生产、高端产业占比、产品质量和著名品牌等各方面衡量，中国制造业大而不强、发展质量不够高的问题十分突出，建设制造强国和发展先进制造业还有很长一段路要走。一方面，中国制造业产业结构不平衡、高级化程度不够，低端无效供给过剩与高端有效供给不足并存。从具体制造业产品看，大部分产品的功能性常规参数能够基本满足要求，但功能档次、可靠性、质量稳定性和使用效率等方面还有待提高，高品质、个性化、高复杂性、高附加值产品的供给能力不足，高端品牌培育不够。另一方面，中国优秀制造业企业数量不够多，特别是缺少世界一流企业。从世界品牌实验室公布的2017 年“世界品牌 500 强”名单来看，中国入选品牌仅有 37 个，约占 7%。在全球知名品牌咨询公司英图博略（Interbrand）发布的 2017 年度“全球最具价值 100 大品牌”排行榜中，中国制造业产品品牌只占两席。中国制造业发展存在的短板充分说明，加快建设制造强国，必须大力提升制造业供给质量，推动制造业实现高质量发展。制造业高质量发展，是指在新发展理念指导下的更高程度满足社会需求的发展，具有产业结构高级化、产业组织结构合理化以及制造产品高品质、高附加值、高复杂性、高个性化等一系列特点。

(二) 抓住新一轮科技和产业革命机遇，大力提高制造业发展质量

建设制造强国，发展先进制造业，不仅是中国进入工业化后期的发展需要，也是顺应世界工业化趋势特别是新一轮科技和产业革命的必然要求。从世界范围看，2008 年国际金融危机后，发达国家纷纷推出再工业化战略，同时以制造业信息化、智能化、服务化为特征的新一轮科技和产业革命方兴未艾，中国制造业发展既面临严峻挑战，也迎来重大历史机遇。从挑战来看，在新一轮科技和产业革命背景下，中国制造业的粗放型发展模式不可持续，必须转向创新驱动的高质量发展模式。从机遇来看，新一轮科技和产业革命为中国制造业转型升级和创新发展提供了技术经济基础、指明了发展方向。作为世界制造业第一大国，中国必须抓住这次科技和产业革命的历史机遇，大力提高制造业发展质量，加快建设制造强国。

树立大质量观，积极推进中国制造的品质革命。推进中国制造的品质革命是一项复杂的、涉及经济社会各个方面的巨型系统工程，需要社会各界和制造企业凝心聚力、锲而不舍、协同推动。这就需要从系

统、全局、综合和长期的视角看待中国制造的质量问题，建立起涵盖经济、文化、社会、生态文明等多领域，政府、企业、社会组织共同参与的质量管理体系。一方面，要提高国家层面的计量、标准、检验检测、认证认可等国家质量基础设施的支撑能力，产业层面的产业基础能力，企业层面的技术创新能力和管理创新能力，有效解决各个层面基础能力不高的问题。另一方面，要改善社会文化环境、政府政策环境和市场环境，协同推进社会文化环境改善与经济激励机制完善，协同推进质量法制体系完善和市场体系建设，同时大力激发企业家精神、弘扬工匠精神。

建立良好创新生态系统，提升制造业技术创新能力。关键基础材料、核心基础零部件、先进基础工艺、产业基础技术一直是制约我国制造业发展和质量提升的技术瓶颈。比如，中国一些关键基础材料、核心基础零部件对外依存度较高，一些关键工作母机、高端医疗设备、高端精密仪器及其核心元器件也在很大程度上依赖进口，部分先进基础工艺和产业基础技术缺乏，等等。解决这些问题，仅仅依靠增加创新投入远远不够，还要不断完善制造业科技创新生态系统，为技术创新营造良好环境。一是着力消除制造业创新链中基础研究和产业化应用之间的断裂或脱节，提高科技创新成果转化率；二是构建制造业科技创新网络，提高创新生态系统开放性、协同性，促进信息、人才和资金在各类创新主体间高效流动，形成开放合作的创新网络和形式多样的创新共同体；三是积极建立有利于各类企业创新发展、公平竞争的体制机制，尤其是为中小企业创新能力提升创造更好条件；四是加强各层次工程技术人员的培养，尤其要重视提高技术工人的创新能力。

坚持改革开放，形成制造业全面开放新格局。20 世纪 90 年代以来，在全球制造业发展中，产品模块化程度不断提升，生产过程可分性日益增强，信息技术和交通技术进步带来交易效率显著提高、交易成本明显下降，基于价值链不同工序、环节的产品内分工获得极大发展，制造业全球价值链分工成为国际产业分工的主导形式。随着新一轮科技和产业革命加速拓展、业态创新和产业融合日趋加快，新兴工业化国家不断提升制造业发展水平，提升其在全球价值链中的位置，全球价值链日益呈现出多极化发展的新态势。因此，推动制造业高质量发展，加快建设制造强国，必须加快制造业对外开放步伐，积极融入全球价值链分工。改革开放 40 年的经验表明，中国制造业发展所取得的成就得益于对外开放。当前，中国经济发展进入了新时代，实现制造业高质量发展，更加需要扩大对外开放，形成制造业全面对外开放新格局。一方面，持续优化营商环境，建立健全外商投资准入前国民待遇加负面清单管理机制，切实降低制度性交易成本，强化知识产权保护，为全球投资者营造稳定公平透明、法治化、可预期的营商环境；另一方面，以“一带一路”建设为重点，引导更多中国企业到相关国家投资兴业，建立高水平研发中心、制造基地和工业园区等，推进产能合作和技术创新合作，实现互利共赢。

附录四

世界主要国家工业相关数据

附表1 主要经济体工业生产指数

	美国	欧元区	日本	巴西	南非	印度	俄罗斯
2017 年 1 月	102.54	102.50	92.70	86.20	100.20	123.10	104.30
2017 年 2 月	102.16	102.90	98.60	87.50	98.30	119.20	102.80
2017 年 3 月	102.72	103.00	111.80	85.30	98.30	133.20	104.10
2017 年 4 月	103.71	103.40	98.20	85.80	100.60	117.30	103.90
2017 年 5 月	103.71	104.30	94.80	86.30	99.10	124.80	105.30
2017 年 6 月	103.77	103.40	105.80	87.20	99.30	119.30	105.10
2017 年 7 月	103.62	104.70	103.10	87.60	100.70	118.00	103.90
2017 年 8 月	103.20	106.00	97.10	87.20	100.90	122.10	105.50
2017 年 9 月	103.18	105.70	106.10	87.60	99.80	123.10	105.60
2017 年 10 月	104.76	105.80	104.50	87.60	101.10	122.50	104.80
2017 年 11 月	105.29	107.30	105.40	88.30	102.10	125.80	104.40
2017 年 12 月	105.77	107.20	105.30	91.00	103.30	130.60	104.30
2018 年 1 月	105.44	106.60	95.40	89.00	101.40	132.30	106.30
2018 年 2 月	105.87	105.70	100.20	89.10	98.90	127.40	106.30
2018 年 3 月	106.41	106.20	114.50	89.10	99.50	139.30	106.80
2018 年 4 月	107.59	105.30	100.80	89.80	99.00	122.90	107.30
2018 年 5 月	107.05	106.70	98.80	80.00	100.50	128.80	107.80
2018 年 6 月	107.71		104.50				107.20

注：南非为制造业生产指数。

附表 2　　主要经济体 PMI

	美国	欧元区	日本	巴西	南非	印度	俄罗斯
2017 年 1 月	55.00	55.20	47.70	44.00	50.75	50.40	54.70
2017 年 2 月	54.20	55.40	48.50	46.90	51.89	50.70	52.50
2017 年 3 月	53.30	56.20	50.40	49.60	50.88	52.50	52.40
2017 年 4 月	52.80	56.70	51.10	50.10	44.90	52.50	50.80
2017 年 5 月	52.70	57.00	51.50	52.00	50.36	51.60	52.40
2017 年 6 月	52.00	57.40	52.30	50.50	45.76	50.90	50.30
2017 年 7 月	53.30	56.60	50.70	50.00	43.28	47.90	52.70
2017 年 8 月	52.80	57.40	52.20	50.90	44.59	51.20	51.60
2017 年 9 月	53.10	58.10	52.50	50.90	45.10	51.20	51.90
2017 年 10 月	54.60	58.50	54.20	51.20	48.32	50.30	51.10
2017 年 11 月	53.90	60.10	55.10	53.50	48.60	52.60	51.50
2017 年 12 月	55.10	60.60	55.20	52.40	44.90	54.70	52.00
2018 年 1 月	55.50	59.60	56.60	51.20	49.90	52.40	52.10
2018 年 2 月	55.30	58.60	55.50	53.20	50.80	52.10	50.20
2018 年 3 月	55.60	56.60	53.90	53.40	46.90	51.00	50.60
2018 年 4 月	56.50	56.20	49.40	52.30	50.90	51.60	51.30
2018 年 5 月	56.40	55.50	49.90	50.70	49.80	51.20	49.80
2018 年 6 月	55.40	54.90	51.50	49.80	47.90	53.10	49.50

附表 3　　主要经济体 PPI 同比增速　　(%)

	美国	欧元区	日本	巴西	南非	印度	俄罗斯
2017 年 1 月	1.80	3.80	0.51	7.16	5.90	4.26	12.90
2017 年 2 月	2.00	4.50	1.03	5.53	5.60	5.51	15.10
2017 年 3 月	2.20	3.80	1.45	4.88	5.20	5.11	11.30
2017 年 4 月	2.50	4.20	2.07	2.72	4.60	3.85	7.60
2017 年 5 月	2.30	3.30	2.07	0.15	4.80	2.26	5.90
2017 年 6 月	1.90	2.40	2.18	-3.21	4.00	0.90	2.90
2017 年 7 月	2.00	1.90	2.49	-4.33	3.60	1.88	1.80

续表

	美国	欧元区	日本	巴西	南非	印度	俄罗斯
2017 年 8 月	2.50	2.60	2.92	-4.41	4.20	3.24	4.70
2017 年 9 月	2.50	2.90	3.02	-3.88	5.20	3.14	6.80
2017 年 10 月	2.70	2.50	3.54	-3.86	5.00	3.68	7.60
2017 年 11 月	3.00	2.80	3.53	-3.07	5.10	4.02	8.00
2017 年 12 月	2.60	2.20	2.99	-2.55	5.20	3.58	8.40
2018 年 1 月	2.60	1.60	2.66	-2.34	5.10	3.02	5.00
2018 年 2 月	2.90	1.70	2.55	-2.27	4.20	2.74	5.70
2018 年 3 月	3.00	2.00	2.14	-1.22	3.70	2.74	4.80
2018 年 4 月	2.70	1.90	2.13	1.27	4.40	3.62	7.50
2018 年 5 月	3.10	3.00	2.74	4.91	4.60	4.43	12.00
2018 年 6 月	3.30		2.84	8.68	5.90	5.77	16.10

注：日本为国内企业商品价格指数。印度为批发价格指数。

附表 4　　主要经济体失业率　　（%）

	美国	欧元区	日本	南非	俄罗斯
2017 年 1 月	4.80	9.60	3.00		5.60
2017 年 2 月	4.70	9.40	2.80		5.60
2017 年 3 月	4.50	9.40	2.80	27.70	5.40
2017 年 4 月	4.40	9.20	2.80		5.30
2017 年 5 月	4.30	9.20	3.10		5.20
2017 年 6 月	4.30	9.00	2.80	27.70	5.10
2017 年 7 月	4.30	9.00	2.80		5.10
2017 年 8 月	4.40	9.00	2.80		4.90
2017 年 9 月	4.20	8.90	2.80	27.70	5.00
2017 年 10 月	4.10	8.80	2.80		5.00
2017 年 11 月	4.10	8.70	2.70		5.10
2017 年 12 月	4.10	8.70	2.80	26.70	5.10
2018 年 1 月	4.10	8.70	2.40		5.20
2018 年 2 月	4.10	8.60	2.50		5.00

续表

	美国	欧元区	日本	南非	俄罗斯
2018 年 3 月	4.10	8.50	2.50	26.70	5.00
2018 年 4 月	3.90	8.40	2.50		4.90
2018 年 5 月	3.80	8.30	2.20		4.70
2018 年 6 月	4.00	8.30	2.40		4.70

注：南非失业率为季度数据，印度和巴西没有失业率统计数据。

附表 5　　**美国、欧元区和日本产能利用率**

	美国	欧元区	日本
2017 年 1 月	75.45		94.40
2017 年 2 月	75.14		94.40
2017 年 3 月	75.54	82.00	94.10
2017 年 4 月	76.24		94.00
2017 年 5 月	76.22		94.10
2017 年 6 月	76.23	82.60	94.10
2017 年 7 月	76.09		94.30
2017 年 8 月	75.73		94.30
2017 年 9 月	75.66	83.60	94.30
2017 年 10 月	76.76		94.60
2017 年 11 月	77.07		94.60
2017 年 12 月	77.32	84.20	94.60
2018 年 1 月	76.98		94.40
2018 年 2 月	77.18		94.40
2018 年 3 月	77.46	84.30	94.30
2018 年 4 月	78.18		94.00
2018 年 5 月	77.65		94.00
2018 年 6 月	77.99	84.10	

注：欧元区为制造业产能利用率，为季度数据；日本为产能利用率指数。

附表 6　　美国、欧元区、日本进出口及差额

	美国（百万美元）			欧元区（百万欧元）			日本（百万日元）		
	出口	进口	差额	出口	进口	差额	出口	进口	差额
2017 年 1 月	191430	238309	-46879	177763. 1	163139. 9	14623. 2	5420942. 23	6525955. 20	-1105012. 97
2017 年 2 月	192340	236510	-44171	180203. 2	162801. 2	17402. 0	6347122. 56	5542596. 77	804525. 79
2017 年 3 月	192536	236446	-43909	184375. 5	163334. 2	21041. 3	7227998. 28	6624525. 13	603473. 15
2017 年 4 月	192194	238268	-46074	180340. 5	162554. 8	17785. 8	6330189. 90	5851936. 10	478253. 80
2017 年 5 月	192772	238595	-45823	184674. 9	165603. 9	19071. 0	5851616. 24	6056015. 37	-204399. 13
2017 年 6 月	194778	239580	-44803	180831. 1	159881. 4	20949. 8	6607970. 98	6174724. 92	433246. 06
2017 年 7 月	195160	239382	-44221	178660. 8	161682. 4	16978. 4	6494640. 26	6088017. 43	406622. 82
2017 年 8 月	195594	239757	-44163	183527. 7	163021. 3	20506. 5	6278485. 97	6181724. 20	96761. 77
2017 年 9 月	198352	242760	-44407	185055. 9	161398. 7	23657. 2	6810697. 11	6156869. 04	653828. 06
2017 年 10 月	198629	245615	-46986	181051. 5	163452. 2	17599. 3	6692904. 35	6414349. 98	278554. 37
2017 年 11 月	202295	251246	-48952	188695. 4	168486. 4	20209. 0	6920011. 80	6814819. 28	105192. 52
2017 年 12 月	204992	256881	-51889	191771. 5	169007. 4	22764. 2	7303877. 38	6947697. 69	356179. 69
2018 年 1 月	202506	255387	-52881	190168. 8	170717. 6	19451. 2	6086276. 36	7034545. 41	-948269. 05
2018 年 2 月	206077	261613	-55536	185033. 5	165382. 5	19651. 0	6463307. 22	6463409. 23	-102. 02
2018 年 3 月	210660	257870	-47210	186223. 6	166730. 7	19492. 8	7382656. 25	6589333. 96	793322. 29
2018 年 4 月	211237	257317	-46081	187256. 6	169219. 7	18037. 0	6822348. 88	6201554. 17	620794. 70
2018 年 5 月	215328	258381	-43053	187613. 8	170728. 6	16885. 2	6323559. 83	6906909. 25	-583349. 41

附表 7

其他金砖四国进出口及差额

	巴西(百万美元)			南非(百万兰特)			印度(百万美元)			俄罗斯(百万美元)		
	出口	进口	差额	出口	进口	差额	出口	进口	差额	出口	进口	差额
2017 年 1 月	14908. 25	12197. 81	2710. 44	80217. 05	91432. 86	-11215. 81	22356. 32	32261. 14	-9904. 82	25427	13618	11809
2017 年 2 月	15468. 69	10913. 27	4555. 42	87269. 52	82480. 68	4788. 83	24726. 71	34248. 44	-9521. 73	25806	15476	10330
2017 年 3 月	20073. 93	12937. 67	7136. 27	101064. 06	89780. 57	11283. 49	29301. 55	39946. 67	-10645. 12	31317	18995	12322
2017 年 4 月	17679. 83	10716. 65	6963. 17	91032. 78	86061. 64	4971. 14	24635. 09	37884. 28	-13249. 19	26083	18258	7825
2017 年 5 月	19789. 99	12129. 01	7660. 98	102731. 03	95508. 93	7222. 10	24014. 62	37856. 34	-13841. 72	28259	19628	8631
2017 年 6 月	19779. 12	12595. 23	7183. 89	102015. 01	91458. 52	10556. 49	23018. 91	36822. 80	-13803. 89	29540	20783	8757
2017 年 7 月	18758. 76	12473. 40	6285. 36	93092. 71	83762. 26	9330. 45	22257. 13	34277. 13	-12020. 01	24681	20847	3834
2017 年 8 月	19470. 94	13879. 23	5591. 72	103373. 04	97397. 55	5975. 49	23177. 50	36054. 84	-12877. 34	29079	22415	6664
2017 年 9 月	18659. 33	13488. 32	5171. 01	102219. 93	97737. 12	4482. 81	28367. 44	37918. 38	-9550. 94	30800	20559	10241
2017 年 10 月	18871. 94	13678. 84	5193. 10	104174. 37	99835. 29	4339. 07	22852. 41	37454. 92	-14602. 51	31580	21504	10076
2017 年 11 月	16683. 10	13142. 50	3540. 60	116185. 99	103132. 84	13053. 15	26087. 15	40416. 53	-14329. 38	33443	21897	11546
2017 年 12 月	17595. 28	12597. 51	4997. 77	104024. 57	88716. 92	15307. 65	27676. 86	41909. 30	-14232. 43	37533	24146	13387
2018 年 1 月	17027. 18	14202. 14	2825. 05	80855. 31	107977. 80	-27122. 49	24955. 99	40661. 66	-15705. 67	33687	16398	17289
2018 年 2 月	17409. 98	14394. 91	3015. 07	90013. 35	90616. 63	-603. 28	25834. 38	37813. 59	-11979. 21	31325	19040	12285
2018 年 3 月	20228. 72	13810. 39	6418. 34	98101. 62	88799. 03	9302. 59	29109. 10	42800. 89	-13691. 79	36870	21826	15044
2018 年 4 月	19713. 23	13791. 84	5921. 39	88454. 60	87287. 65	1166. 96	25908. 37	39625. 13	-13716. 76	36245	20929	15316
2018 年 5 月	19127. 89	13259. 77	5868. 12	102609. 54	99091. 61	3517. 93	28861. 44	43479. 88	-14618. 44	36512	21361	15151
2018 年 6 月	20205. 08	14320. 10	5884. 97									

参考文献

Hodrick R. J. and Prescott E. C. , 1997, "Postwar U. S. Business Cycles: An Empirical Investigation", *Journal of Money, Credit and Banking*, 29 (1): 1 – 16.

Ravn M. O. and Uhlig H. , 2002, "On Adjusting the Hodrick – Prescott Filter for the Frequency of Observations", *The Review of Economics and Statistics*, 84 (2): 371 – 376.

黄群慧:《着力建设符合现代化经济体系要求的市场体系》,《经济日报》2018 年 7 月 6 日。

黄群慧:《从三个层面提高实体经济供给质量》,《经济日报》2018 年 2 月 22 日。

黄群慧:《推动中国制造业高质量发展》,《人民日报》2018 年 8 月 17 日。